Tartes & Quiches

Tartes & Quiches

Die 147 besten Rezepte

Delphine de Montalier

Fotos David Japy

CHRISTIAN

Vorwort

Eine Tarte ist immer willkommen: eine feine Tarte zur Teestunde, eine Tarte als gesunder und leckerer Snack für die Kinder, eine dampfende Tarte vor dem Kamin, wenn es draußen so richtig kalt ist, eine Tarte, mit der man seine beste Freundin – oder auch seine Schwester – verwöhnt, eine Tarte fürs Schulfest, eine zarte Tarte für den Angebeteten, eine pikante Tarte für den Apéro mit den Nachbarn, eine improvisierte Sonntagabend-Tarte aus Kühlschrankresten, eine deftige Tarte fürs erste Picknick, wenn die Temperaturen wieder freundlicher geworden sind, eine Geburtstags-Tarte für meine Freundin Fannie, eine spontane Tarte, weil der Fertigteig im Kühlschrank demnächst abläuft, eine besondere Tarte für Freunde, die zum Diner geladen sind ... Der Gelegenheiten sind viele! Lassen Sie sich von meiner ganz persönlichen Auswahl an Rezepten inspirieren, die ich mit großer Begeisterung für Sie ausgetüftelt und zusammengestellt habe!

DELPHINE

Rund um den Teig

Praktische Tipps

Tarte-Teige – selbst gemacht?

Als Basis für pikante Tartes kann Mürbeteig oder Blätterteig verwendet werden. Diese traditionellen Teige können Sie auch durch Brikteig oder Filoteig ersetzen, die weniger gehaltvoll, allerdings auch fürs Auge nicht ganz so ansprechend sind. Falls Sie sich die Zeit nehmen möchten, empfehle ich Ihnen, den Teig selbst herzustellen. Sie werden staunen, wie groß der Unterschied zu industriell gefertigtem Teig ist!

Die Backform vorbereiten

Wählen Sie die Backform entsprechend der Art der Tarte. Tartes mit Käse gehen gewöhnlich hoch auf und benötigen daher eine ausreichend tiefe Form. Die Form muss immer großzügig eingefettet werden: Nehmen Sie dazu ein Stück Butter mit einem Blatt Küchenpapier auf und fetten Sie damit die Backform gründlich ein. Vergessen Sie auch die Ränder nicht. Wenn Sie eine Silikonform verwenden, erübrigt sich das Einfetten. Nehmen Sie eine heiße Tarte aus der Form, ist sie noch sehr weich und kann leicht brechen – es sei denn, Sie haben eine Form mit Hebeboden oder Springform gewählt.

Tartes aus der Form lösen – gewusst wie!

Ich verrate Ihnen einen kleinen Trick: Torteletts lassen sich damit problemlos aus der Form nehmen, auch wenn der Teig sich über die Ränder wölbt oder hängen bleibt. Fetten Sie die Form großzügig mit Butter ein, schneiden Sie zwei Streifen Backtrennpapier (1 cm x 15 cm) zu, legen Sie diese über Kreuz in die Form und drücken Sie sie gut an (durch die Butter haftet das Papier bestens). Wenn Sie die fertig gebackene Tarte aus der Form lösen möchten, nehmen Sie die Enden der Streifen und heben Sie die Tarte damit aus der Form heraus. Diese Technik funktioniert am besten mit den kleineren Torteletts ... Für die größeren Tartes schneiden Sie ebenfalls zwei Streifen (2 cm x 35 cm) Backtrennpapier zu und zusätzlich einen Kreis in der Größe der verwendeten Backform. Vorausgesetzt, die Tarte ist nicht zu weich, lässt sie sich nun leicht aus der Form heben.

Den Teig ausrollen

Zuerst benötigen Sie eine saubere und trockene Arbeitsfläche, die Sie mit Mehl bestäuben. Zur Produktpalette der Silikonformen gehört auch eine silikonbeschichtete Ausroll- und Backmatte, auf der sich der Teig sehr leicht ausrollen lässt (wirklich genial!). Wenn Sie öfter Tartes backen, lohnt sich die Anschaffung. Bemehlen Sie das Nudelholz und den Teig und rollen Sie den Teig gleichmäßig dünn von der Mitte ausgehend nach außen aus. Falls Sie einen Fertigteig verwenden, können Sie das Backergebnis durch erneutes Ausrollen – immer von der Teigmitte nach außen – verbessern. Bei Blätterteig empfehle ich, den Teig vor der Weiterverarbeitung etwas ruhen zu lassen. Mithilfe einer Ausstechform oder eines umgedrehten Gefäßes (Schale, Teller) können Sie dem Teig die gewünschte Form geben. Überstehende Teigreste schneiden Sie einfach an den Rändern mit einem scharfen Messer ab.

Die Form auslegen

Damit der Teig sich beim Backen nicht wölbt, wird er mehrmals mit einer Gabel eingestochen. Entfernen Sie überschüssiges Mehl, das am Teig anhaftet, und legen Sie den Teig zum Transportieren um ein bemehltes Nudelholz. Zum Auslegen der Form rollen Sie den Teig mit der Oberseite (auf der sich die Gabeleinstiche befinden) nach unten wieder vom Nudelholz ab und lassen ihn vorsichtig in die Backform gleiten. Der Teig sollte dabei nicht zu sehr in (die) Form gedrückt oder gedehnt werden, sonst wird der Boden unregelmäßig dick bzw. dünn. Falls der Teig reißen sollte, nehmen Sie einen Teigrest, kneten Sie ihn weich und flicken Sie damit den entstandenen Riss.

Der Teigrand

Hier haben Sie die Wahl zwischen verschiedenen Techniken: Sie können mit dem Nudelholz über den Teigrand rollen und auf diese Weise überstehende Ränder abtrennen, oder Sie verwenden ein scharfes Messer und beschneiden die Teigränder so, dass sie einen halben Zentimeter überstehen (wird später umgeklappt), oder Sie nehmen ein Teigrädchen, mit dessen Hilfe Sie dem Tarte-Rand ein hübsches regelmäßiges Muster verleihen.

Den Teig kühl stellen

Ich empfehle Ihnen, die mit dem Teig ausgelegte Tarte-Form nun für mindestens 30 Minuten abgedeckt in den Kühlschrank zu stellen. Wenn Sie die Form direkt nach dem Auslegen in den heißen Ofen stellen, wird der Teig zu einer einzigen Masse am Boden der Form zerfließen. Während der Teig im Kühlschrank ruht, können Sie den Backofen vorheizen.

Teig auf Vorrat

Falls Sie einmal einen verregneten Nachmittag für kulinarische Aktivitäten nutzen möchten, könnten Sie beispielsweise Tarte-Teige auf Vorrat zubereiten und einfrieren: Verdreifachen oder vervierfachen Sie einfach die Mengenangaben in den Teigrezepten, teilen Sie die entsprechenden Portionen ab, wickeln Sie sie in Frischhaltefolie und legen Sie die Päckchen in den Tiefkühler. Tiefgekühlt ist der Teig 3–6 Monate haltbar. Bei Bedarf nehmen Sie den Teig morgens aus dem Tiefkühler und lassen ihn tagsüber im Kühlschrank schonend auftauen, so ist er abends bereit für die Weiterverarbeitung.

Blindbacken, Vorbacken und Fertigbacken

In fast allen meinen Rezepten wird der Teig vorgebacken. Ich persönlich empfehle das Vorbacken, da der Teig dadurch knusprig bleibt und nicht von den Zutaten der Füllung (ob Tomaten, Sahne oder Käse) aufgeweicht wird. Es bleibt Ihnen jedoch selbst überlassen, ob Sie diesen zusätzlichen Schritt ausführen möchten, er ist keine absolute Notwendigkeit. Falls Sie aufs Vorbacken verzichten möchten, verlängert sich die Backdauer um 10 Minuten.

Vorbacken (Blindback-Methode)

Belegen Sie den Teigboden in der Tarte-Form mit Backtrennpapier. Beschweren Sie das Papier gleichmäßig mit Backbohnen oder einem geeigneten Ersatz (siehe „Gut zu wissen ..."), damit sich der Teig beim Vorbacken nicht wölbt. Stellen Sie nun die Tarte-Form für die angegebene Zeit in den Backofen (untere Einschubleiste), entnehmen Sie danach Backbohnen und Papier, bestreichen Sie den Boden mit Eiweiß (falls im Rezept angegeben) und stellen Sie die Tarte-Form anschließend für die im Rezept angeführte Zeit zurück in den Backofen (mittlere Einschubleiste).

Eine große Tarte benötigt 20 Minuten Vorbackzeit: 10 Minuten mit und 10 Minuten ohne Gewicht.

Torteletts benötigen 15 Minuten Vorbackzeit: 10 Minuten mit und 5 Minuten ohne Gewicht.

Backen ohne Vorbacken (Blindback-Methode)

Tarte-Teige, die komplett mithilfe der Blindback-Methode gebacken werden, verwendet man hauptsächlich für süße Tartes mit ungebackener Füllung. Hier ist es notwendig, dass der Teigboden gut durchgebacken ist. Man verfährt genauso wie beim Vorbacken mit der Blindback-Methode, der Unterschied liegt lediglich in der Backzeit.

Eine große Tarte benötigt knapp 30 Minuten Backzeit: 12 Minuten mit und 15 Minuten ohne Gewicht.

Torteletts benötigen knapp 25 Minuten Backzeit: 12 Minuten mit und 10 Minuten ohne Gewicht.

Fertige Teige

Brikteigblätter *(feuilles de brik)*: Ein strudelähnlicher, knuspriger Teig aus Tunesien, der aus gekochtem Weizengrieß hergestellt und in Olivenöl gebacken wird. Die Blätter lassen sich wie Crêpes mit allen möglichen süßen und salzigen Zubereitungen füllen. Sie werden in arabischen Lebensmittelläden angeboten.

Filoteig: Die papierdünnen griechischen Teigblätter werden aus Weizenmehl und Wasser hergestellt. Sie sind hauchzart, sehr dekorativ und haben ein sehr subtiles Aroma. Das türkische Pendant heißt *yufka*. Da die Teigblätter schnell austrocknen, sollte man sie mit einem feuchten Tuch bedeckt halten. Man findet sie im griechischen und türkischen Lebensmittelhandel.

Gut zu wissen ...

• Zerknüllen Sie das Backtrennpapier und ziehen Sie es dann wieder auseinander, bevor Sie den Teigboden damit belegen, so lässt es sich deutlich besser handhaben.

• Anstelle von Backbohnen können Sie zum Beschweren des Teigbodens (ungekochte) Reiskörner oder getrocknete Hülsenfrüchte wie beispielsweise Linsen oder Bohnen verwenden. Damit der Rand stehen bleibt, ist es besonders wichtig, die Form sowohl in der Fläche als auch in der Höhe vollständig auszufüllen. Bewahren Sie die Reiskörner oder die Hülsenfrüchte in einem Einmachglas auf und verwenden Sie sie bei Bedarf für weitere Tartes.

• Vorsicht bei Blätterteig! Dieser muss generell bei höheren Temperaturen (vor-)gebacken werden als Mürbeteig (Pâte brisée) und Sandteig (Pâte sablée).

• Achtung! Gasbacköfen werden häufig deutlich heißer als Elektrobacköfen. Das bedeutet für Sie als Besitzer/in eines solchen Ofens, dass Sie die im Rezept angegebenen Temperaturen entsprechend anpassen müssen – was vielleicht nicht gleich beim ersten Mal gelingt.

• Zum Aufbacken einer Tarte heizen Sie den Backofen auf 120 °C vor und stellen dann die Tarte für 15–20 Minuten (mittlere Einschubleiste) in den Ofen.

• Falls die Tarte während der Backzeit zu bräunen beginnt, decken Sie sie mit einem Stück Alufolie ab, das Sie zuvor mit etwas Butter eingefettet haben. Das Einfetten verhindert, dass die Folie an der Tarte kleben bleibt.

• Wenn Sie den Tarte-Boden nicht in eine Form, sondern direkt auf das Backblech legen, achten Sie bitte darauf, dass der Teig sehr gut gekühlt ist, sonst besteht die Gefahr, dass er beim Backen auseinander fließt.

Der Mürbeteig

Ich bevorzuge selbst gemachte Teige. Und bei Mürbeteig erfordert es weder viel Zeit noch besonderes Geschick, ihn selbst herzustellen. Sollten Sie sich dennoch für Fertigteig entscheiden (der in Deutschland selten angeboten wird), wählen Sie einen Teig mit der Bezeichnung „mit reiner Butter" oder „mit Butter und frischem Ei".

Delphines Hausrezept für Mürbeteig

Für 1 große Tarte oder 6 Torteletts

250 g Mehl
5 g Salz
125 g weiche Butter, (vor dem Weichwerden) in Würfel geschnitten
1 Eigelb
2 EL Eiswasser

Zubereitung von Hand

Das Mehl hügelförmig auf die Arbeitsfläche geben, in die Mitte eine Mulde drücken, dann das Salz auf den Rändern verteilen.
Die Butterwürfel und das Eigelb in die Mulde geben, kurz miteinander verkneten, nach und nach unter das Mehl arbeiten.
So wenig und so kurz wie möglich kneten, dabei die krümelige Masse ab und zu mit dem Eiswasser besprengen.
Aus den Krümeln eine Teigkugel formen, diese flach drücken (etwa wie einen dicken Pfannkuchen) und in Frischhaltefolie wickeln.

Zubereitung mit der Küchenmaschine

Die Butter und das Eigelb in die Rührschüssel der Küchenmaschine geben und zu einer cremigen Masse verrühren. Das Eiswasser zugeben und erneut rühren. Das Salz und das Mehl auf einmal hinzufügen und so kurz wie möglich untermischen. Falls noch kleinere Butterflöckchen zu sehen sind, macht das nichts. Aus den Krümeln eine Teigkugel formen, diese flach drücken (etwa wie einen dicken Pfannkuchen) und in Frischhaltefolie wickeln.

Ruhezeit im Kühlschrank

Den Teig mindestens 1 Stunde (oder einen ganzen Tag oder über Nacht) im Kühlschrank ruhen lassen. Er lässt sich gut verpackt bis zu 8 Tagen im Kühlschrank aufbewahren.

Kleine Extras

- Mürbeteig mit Parmesan
Ersetzen Sie 30 g Mehl durch 30 g frisch geriebenen Parmesankäse.
- Mürbeteig mit Cumin oder Curry
Ersetzen Sie 1 Esslöffel Mehl durch 1 Esslöffel gemahlenen Cumin (Kreuzkümmel) oder Currypulver.
- Mürbeteig feurig
Ersetzen Sie 1 Esslöffel Mehl durch 1/2 – 1 Teelöffel Chilipulver oder Cayennepfeffer.
- Mürbeteig mit Olivenöl
Ersetzen Sie das Eiswasser durch Olivenöl.
- Gourmet-Mürbeteig
Vermischen Sie 1 Esslöffel Crème fraîche mit dem Eigelb, bevor Sie es unter den Teig kneten.
- Mürbeteig mit Amaretto
Ersetzen Sie 2 Esslöffel Eiswasser durch 1 Esslöffel Amaretto.

Der Blätterteig

Für die Zubereitung meiner pikanten und süßen Tartes empfehle ich häufig die Verwendung von Blätterteig. Sie können Blätterteig selbst herstellen, allerdings sollten Sie dazu etwas Geduld mitbringen, da die Herstellung relativ aufwendig – aber ebenso lohnenswert – ist.

Delphines Hausrezept für Blätterteig

Für 1 große Tarte oder 6 kleine Torteletts
250 g Mehl
5 g Salz
40 g weiche Butter
250 g Butter mit Zimmertemperatur
15 cl Wasser

Das Mehl mit dem Salz in eine Rührschüssel geben und in die Mitte eine Mulde drücken. 40 g weiche Butter hineingeben, mit den Fingerspitzen einarbeiten und mit dem Wasser beträufeln. Eine Teigkugel formen, die Oberfläche mit einem Messer kreuzweise einschneiden und den Teig für 2 Stunden in einem geschlossenen Behälter in den Kühlschrank stellen.
250 g zimmerwarme Butter zwischen zwei Stücken Frischhaltefolie so ausrollen, dass ein Quadrat von 1 cm Dicke entsteht. Ebenfalls kühl stellen.
Nach zwei Stunden den Teig aus dem Kühlschrank nehmen und zu einem Quadrat ausrollen, das so groß ist, dass sich das Butterquadrat darin einschlagen lässt.
Die zum Quadrat ausgerollte Butter ebenfalls aus dem Kühlschrank nehmen, die Frischhaltefolie entfernen und das Butterstück diagonal in die Mitte des Teigquadrats legen, sodass sich der Teig von allen vier Seiten wie ein Briefumschlag um die Butter schließen lässt und die Teigspitzen sich in der Mitte treffen.
Das Nudelholz wie auch beide Seiten des „Briefumschlags" mit Mehl bestäuben.
Den Teig nun zu einem Rechteck ausrollen, das dreimal so lang wie breit und 1 cm dick ist.
Von beiden Seiten zur Mitte einklappen, sodass ein Quadrat aus drei Lagen entsteht. Um 90 Grad drehen, dann nach demselben Schema erneut ausrollen.
Nochmals von beiden Seiten zur Mitte einschlagen und für 1 Stunde kühl stellen.
Danach wieder aus dem Kühlschrank nehmen, zwei weitere Male wie oben beschrieben ausrollen und einschlagen und für 1 Stunde zurück in den Kühlschrank legen.

Schneller Blätterteig

Für 1 große Tarte
250 g Mehl
5 g Salz
150 g gekühlte Butter
15 cl Wasser

Damit dieser Teig gelingt, muss die Butter unbedingt gut gekühlt sein. Das Mehl mit dem Salz in eine Rührschüssel geben. Die Butter mit einer Gemüsereibe über das Mehl raspeln.
Mithilfe eines Teigschabers die Butter unter das Mehl arbeiten, dann mit dem Wasser beträufeln und mit dem Teigschaber weiterkneten, bis ein homogener Teig entstanden ist.
Eine Teigkugel formen, die Oberfläche kreuzförmig einschneiden und den Teig in einem geschlossenen Behälter für 1 Stunde in den Kühlschrank stellen.
Auf einer mit Mehl bestäubten Arbeitsfläche den Teig zu einem Rechteck ausrollen, das dreimal so lang wie breit und 1 cm dick ist.
Von beiden Seiten zur Mitte einklappen, sodass ein Quadrat aus drei Lagen entsteht. Um 90 Grad drehen, dann nach demselben Schema erneut ausrollen. Nochmals von beiden Seiten zur Mitte einschlagen und für 1 Stunde kühl stellen.
Danach wieder aus dem Kühlschrank nehmen, zwei weitere Male wie oben beschrieben ausrollen und einschlagen und für 1 Stunde zurück in den Kühlschrank legen.

Haltbarkeit

Blätterteig lässt sich in Frischhaltefolie verpackt 3–4 Tage im Kühlschrank aufbewahren. Er kann auch eingefroren werden. Den gefrorenen Teig 24 Stunden vor der Verwendung aus dem Tiefkühler nehmen. Nach dem Auftauen nach oben beschriebenem Schema zweimal ausrollen und einschlagen und 1 Stunde im Kühlschrank ruhen lassen.
Den Teig mindestens 15 Minuten vor dem Ausrollen aus dem Kühlschrank nehmen, damit er nicht zu hart ist: Er darf unter dem Druck des Nudelholzes nicht auseinander brechen.

Kleine Extras

Noch ein paar süße Ideen:

- Schokoladen-Blätterteig
  Ersetzen Sie 15 g Mehl durch 15 g ungesüßtes Kakaopulver.
- Amaretto-Blätterteig
  Ersetzen Sie 1 Esslöffel von den 15 cl Wasser durch 1 Esslöffel Amaretto.
- Rosenduft-Blätterteig
  Ersetzen Sie die 15 cl Wasser durch Rosenwasser.
- Orangenblüten-Blätterteig
  Ersetzen Sie die 15 cl Wasser durch Orangenblütenwasser.

Der Pizzateig

Eine verführerisch dampfende Pizza, frisch aus dem Ofen – und zwar dem eigenen! Welch ein Genuss! Wenn Sie wirklich keine Zeit haben, Ihren Pizzateig selbst herzustellen, nehmen Sie fertigen aus dem Kühlregal. Es gibt ihn mittlerweile in bester Qualität, sogar schon ausgerollt und „bereit zum Belegen" – rund oder rechteckig.

Delphines Hausrezept für Pizzateig

Zutaten für 1 große Pizza oder 6 Portions-Pizzas
300 g Mehl
20 g Frischhefe
2 EL Olivenöl
1 TL Salz

Die Hefe mit 200 ml lauwarmem Wasser verrühren und an einem warmen Ort ruhen lassen, bis sich Bläschen bilden. In einer großen Rührschüssel das Mehl, das Salz, das Olivenöl und die aufgelöste Hefe leicht mit den Fingerspitzen vermischen. Weitere 200 ml Wasser bei Bedarf nach und nach zugeben und zu einem geschmeidigen Teig verkneten. So lange kneten, bis sich der Teig zu einer glatten, elastischen Kugel formen lässt. Mit etwas Mehl bestäuben, abdecken und 1 Stunde an einem warmen Ort (beispielsweise in einem noch warmen abgeschalteten Backofen) gehen lassen.

Delphines Hausrezept für Tomatensauce

2 Dosen geschälte Tomaten (à 240 g Abtropfgewicht)
2 Zwiebeln, fein gehackt
2 Knoblauchzehen, zerdrückt (nach Belieben)
3 EL Tomatenmark
1 Bouquet garni (Petersilie, Thymian, Lorbeerblatt)
Olivenöl
Salz, frisch gemahlener Pfeffer

Die Zwiebeln in 2 Esslöffeln Olivenöl 5 Minuten andünsten. Die abgegossenen Tomaten, den Knoblauch, das Tomatenmark und das Bouquet garni zugeben. Mit Salz und Pfeffer würzen. 15 Minuten bei niedriger Temperatur und geschlossenem Deckel köcheln lassen, dabei gelegentlich mit einer Gabel umrühren und die Tomaten zerkleinern, danach 15 Minuten offen einkochen lassen. Die Tomatensauce nach Belieben mithilfe eines Passiergeräts oder durch ein feinmaschiges Sieb passieren.

Delphines pikantes Würzöl

Für 1 l Olivenöl
5 Knoblauchzehen, fein gehackt
1 Bund Kräuter der Provence
1 TL Cayennepfeffer
1 TL Paprikapulver

Vor dem ersten Gebrauch mindestens 2 Tage durchziehen lassen. Der Cayennepfeffer kann auch durch eine ganze Chilischote ersetzt werden. Aber Vorsicht – auch hier gilt: „mit Bedacht genießen ..."

Das Geheimnis

Unser gewöhnlicher Haushaltsbackofen kann niemals einen Pizzabackofen ersetzen, daher auch mein Rat, den Pizzaboden so dünn wie möglich auszurollen. Falls Sie einen Fertigteig verwenden, können Sie das Ergebnis dadurch verbessern, dass Sie ihn mit einem bemehlten Nudelholz – immer von der Mitte nach außen – ausrollen, dabei den Teig im Uhrzeigersinn drehen. Vor der Weiterverarbeitung kurz ruhen lassen. So erhalten Sie einen dünnen und sehr knusprigen Teigboden.

Die Hefe

Ich bevorzuge frische Bierhefe vom großen Block, die beim Bäcker erhältlich ist. Sie können aber auch abgepackte frische Hefe aus dem Kühlregal verwenden. Da frische Hefe sich nur kurze Zeit hält, empfiehlt es sich, für Notfälle, wie spontane Backideen, einen Vorrat an Trockenhefe zu Hause zu haben.

Der Sandteig

Sandteig wird vor allem für süße Tartes verwendet. Und gerade hier lohnt sich wirklich die Mühe, den Teig selbst herzustellen – er ist einfach um Klassen besser!

Delphines Hausrezept für Sandteig

Für 1 große Tarte oder 6 Torteletts

170 g Mehl
40 g Puderzucker oder extrafeiner Zucker
1/2 Päckchen Vanillezucker
5 g Salz
115 g weiche Butter, (vor dem Weichwerden) in Würfel geschnitten
1 Ei

Zubereitung von Hand

Das Mehl mit dem Puderzucker, dem Vanillezucker und dem Salz mischen. Hügelförmig auf der Arbeitsfläche aufhäufen, in die Mitte eine Mulde drücken, die Butter und das Ei hineingeben. Zuerst die Butter und das Ei miteinander verkneten, danach die Masse schnell unter das Mehl arbeiten. Aus den Krümeln eine Teigkugel formen, diese flach drücken (etwa wie einen dicken Pfannkuchen) und in Frischhaltefolie wickeln.

Zubereitung mit der Küchenmaschine

Die Butter, den Zucker, den Vanillezucker, das Salz und das Mehl in die Rührschüssel der Küchenmaschine geben. Dann das Ei untermischen, sodass eine krümelige Sandmasse entsteht. Die Krümel schnell zu einer Teigkugel zusammendrücken – nicht mehr kneten!

Ruhezeit im Kühlschrank

Den Teig mindestens 1 Stunde (oder einen ganzen Tag oder über Nacht) im Kühlschrank ruhen lassen. Er lässt sich gut verpackt bis zu 15 Tagen im Kühlschrank aufbewahren.

Kleine Extras

- Sandteig „extramürbe“
Ersetzen Sie das rohe Eigelb durch ein gekochtes Eigelb.
- Mandel-Sandteig
Ersetzen Sie 25 g Mehl durch 25 g gemahlene Mandeln.
- Haselnuss-Sandteig
Ersetzen Sie 25 g Mehl durch 25 g gemahlene Haselnüsse.
- Zitronen-Sandteig
Mischen Sie die fein abgeriebene Zitronenschale einer unbehandelten Zitrone zusammen mit dem Mehl unter die angegebenen Zutaten.
- Kaffee-Sandteig
Mischen Sie 1 Teelöffel Kaffee-Extrakt zusammen mit dem Ei unter die angegebenen Zutaten.
- Rosenduft-Sandteig
Mischen Sie 1 Teelöffel Rosenwasser zusammen mit dem Ei unter die angegebenen Zutaten.

Pikante Tartes

Käse-Tarte „de luxe"

Für 6 Personen
Vorbereitungszeit: 20 Minuten
Gar- und Backzeit: 45 Minuten
Kühlzeit: 30 Minuten
Backform: 1 Tarte-Form (20 cm Durchmesser)

1 Portion Mürbeteig (S. 12)
1 Eiweiß (Verwendung s. S. 10)
70 g Emmentaler, in kleine Würfel geschnitten
70 g Roquefort, in Würfel geschnitten
100 g Crème fraîche
2 Eier, verquirlt
70 g Ziegenkäse-Rolle, in Scheiben geschnitten
Frisch gemahlener Pfeffer
Butter für die Form

Den Backofen auf 180 °C vorheizen. Den Teig auf der Arbeitsfläche ausrollen, mehrmals mit einer Gabel einstechen, um ein Nudelholz rollen und über der mit Butter eingefetteten Tarte-Form wieder abrollen (mit den Gabeleinstichen nach unten). 30 Minuten im Kühlschrank ruhen lassen. Den Teig blindbacken (Seite 10). Emmentaler und Roquefort in eine Kasserolle geben und bei sehr niedriger Temperatur oder im Wasserbad zum Schmelzen bringen. Wenn der Käse geschmolzen ist, die Crème fraîche nach und nach unterrühren. Vom Herd nehmen, die Eier hinzufügen und schnell unterschlagen, dann mit Pfeffer würzen. Die Masse gleichmäßig auf dem Tarte-Boden verteilen und mit den Ziegenkäsescheiben belegen. 30 Minuten im Ofen backen. Heiß servieren (Abb. S. 23) und dazu einen Kopfsalat mit einfacher Vinaigrette (S. 88) reichen.

Anmerkung: Diese Tarte ist ein Fest für Käsefreunde ... Und ein frischer Salat gehört für mich unbedingt dazu!

Kleine Camembert-Tartes

Für 6 Personen
Vorbereitungszeit: 15 Minuten
Backzeit: 15 Minuten
Kühlzeit: 30 Minuten
Backform: 6 Tortelett-Förmchen (à 8 cm Durchmesser)

1 Portion Mürbeteig (S. 12)
1 Eiweiß (Verwendung s. S. 10)
1 gut gereifter Rohmilch-Camembert
2 Eier, verquirlt
100 g Crème fraîche
30 ml Trüffelöl (aromatisiert mit schwarzer Trüffel)
1/2 Bund Schnittlauch, in feine Ringe geschnitten
Salz, frisch gemahlener Pfeffer
Butter für die Förmchen

Den Backofen auf 180 °C vorheizen. Den Teig ausrollen, 6 Teigkreise ausstechen, mehrmals mit einer Gabel einstechen und die mit Butter eingefetteten Tortelett-Förmchen damit auskleiden. Für 30 Minuten in den Kühlschrank stellen. Die Teigböden blindbacken (Seite 10). Die Käserinde abschaben, den Camembert in 6 Stücke teilen. Die Eier mit der Crème fraîche vermischen, mit Salz und Pfeffer würzen. Die Masse zu gleichen Teilen in die Tortelett-Förmchen gießen und jeweils mit einem Stück Camembert belegen. 15 Minuten im Ofen backen. Anschließend die Torteletts mit etwas Trüffelöl beträufeln, mit Pfeffer und Schnittlauch bestreuen. Heiß servieren (Abb. S. 25) und dazu einen frischen Kopfsalat mit einfacher Vinaigrette (S. 88) reichen.

Würzige Munster-Tarte

Für 6 Personen
Vorbereitungszeit: 35 Minuten
Gar- und Backzeit: 30 Minuten
Kühlzeit: 30 Minuten
Backform: 1 Tarte-Form (22 cm Durchmesser)

1 Portion Mürbeteig (S. 12)
1 Eiweiß (Verwendung s. S. 10)
180 g durchwachsener Speck, in Streifen oder Würfeln
2 Zwiebeln, gehackt
4 EL Bier
200 g Munster ohne Rinde, in kleine Würfel geschnitten
200 ml Crème fraîche
1 TL gemahlener Kreuzkümmel (Cumin)
Salz, frisch gemahlener Pfeffer
Butter für die Form

Den Backofen auf 180 °C vorheizen. Den Teig ausrollen, mehrmals mit einer Gabel einstechen, eine mit Butter eingefettete Tarte-Form damit auskleiden (mit den Gabeleinstichen nach unten). 30 Minuten im Kühlschrank ruhen lassen. Den Teig blindbacken (S. 10). Die Würfel bzw. Streifen vom durchwachsenen Speck 5 Minuten in eine Kasserolle mit kochendem Wasser geben, abgießen und abtrocknen. In einer heißen Kasserolle zusammen mit den Zwiebeln andünsten. Etwas anbräunen lassen, mit dem Bier ablöschen. Die Hälfte des Munster, die Crème fraîche und den Kreuzkümmel zugeben, mit frisch gemahlenem Pfeffer und wenig Salz würzen. 2 Minuten erhitzen, dabei mit einem Holzkochlöffel umrühren. Die Masse gleichmäßig auf dem Tarte-Boden verteilen und mit den restlichen Munsterwürfeln bestreuen. 20 Minuten im Ofen backen (Abb. S. 25).

Tarte mit Maroilles

Für 6 Personen
Vorbereitungszeit: 15 Minuten
Backzeit: 35 Minuten
Kühlzeit: 30 Minuten
Backform: 1 Tarte-Form (22 cm Durchmesser)

1 Portion Mürbeteig (S. 12)
1 Eiweiß (Verwendung s. S. 10)
200 g reifer Maroilles (sehr würziger Weichkäse mit braungelber Rinde)
2 Eier, verquirlt
200 g Speisequark
Salz, frisch gemahlener Pfeffer
Butter für die Form

Den Backofen auf 180 °C vorheizen. Den Teig auf der Arbeitsfläche ausrollen, mehrmals mit einer Gabel einstechen, um ein Nudelholz rollen, über der mit Butter eingefetteten Tarte-Form umgekehrt wieder abrollen und die Tarte-Form damit auskleiden. 30 Minuten im Kühlschrank ruhen lassen. Den Teig blindbacken (S. 10). Die Käserinde entfernen, den Maroilles in kleine Stücke schneiden. Die Eier mit dem Quark vermischen. Die Käsestücke gut untermischen, mit wenig Salz, aber kräftig mit Pfeffer würzen. Die Masse gleichmäßig auf dem Tarte-Boden verteilen. 15 Minuten im Ofen backen, danach die Temperatur auf 120 °C reduzieren und weitere 20 Minuten backen. Der Käse sollte gut aufgegangen und schön gebräunt sein und einen zartschmelzenden Kern haben. Direkt aus dem Ofen servieren (Abb. S. 25) und dazu einen Kopfsalat mit einfacher Vinaigrette (S. 88) reichen.

Variation: Maroilles kann durch Munster ersetzt werden.

Tarte „Mère Clémence"

Für 6 Personen
Vorbereitungszeit: 15 Minuten
Backzeit: 30 Minuten
Backform: 1 Backblech

1 Portion Blätterteig (S. 14)
3–4 mittelgroße runde Tomaten
3 TL Senf
100 g Cantal ohne Rinde, in feine Scheibchen geschnitten
2 Zweige Estragon
Olivenöl
Frisch gemahlener Pfeffer

Den Backofen auf 180 °C vorheizen. Die Tomaten in feine Scheiben schneiden, dabei von den Kernen so viel wie möglich entfernen. Den Teig auf einem mit Backpapier ausgelegten Backblech ausrollen und mehrmals mit einer Gabel einstechen. Den Tarte-Boden gleichmäßig mit Senf bestreichen, anschließend mit Cantal bestreuen und mit den Tomatenscheiben belegen. Mit Pfeffer würzen, mit etwas Olivenöl beträufeln und mit Estragonblättchen bestreuen. 30 Minuten im Ofen backen. Heiß, lauwarm oder kalt servieren (Abb. S. 25), dazu einen frischen Feldsalat mit Nüssen (S. 92) reichen.

Variation: Etwas leichter wird die Tarte, wenn der Blätterteig durch Mürbeteig ersetzt wird.

Knusprige Ziegenkäse-Tarte

Für 6 Personen
Vorbereitungszeit: 15 Minuten
Backzeit: 40 Minuten
Backform: 1 Tarte-Form mit Hebeboden oder Springform (22 cm Durchmesser)

3 Blätter Filoteig
25 g Pinienkerne
15 g Butter, zerlassen, dazu Butter für die Form
70 g Ziegenfrischkäse
70 g Ricotta
10 Blättchen Minze
Saft von 1/2 Zitrone
250 g Zucchini, in feine Scheiben geschnitten
Olivenöl
Salz, frisch gemahlener Pfeffer

Den Backofen auf 160 °C vorheizen. Die Pinienkerne ohne Fett goldbraun rösten, nach dem Abkühlen grob hacken. Die Tarte-Form mit Butter einfetten und mit einem Blatt Filoteig auslegen. Das Teigblatt mithilfe eines Backpinsels mit Butter bestreichen und das zweite Blatt Filoteig darauflegen. Mit den gerösteten Pinienkernen bestreuen und mit dem dritten Blatt Filoteig belegen. Die Teigränder mit einer Schere glatt schneiden. Nicht länger als 5 Minuten blindbacken (S. 10). Den Ziegenfrischkäse, den Ricotta, die Minzeblättchen und den Zitronensaft vermischen, mit Pfeffer und wenig Salz würzen. Die Käsemasse auf den vorgebackenen Filoteig streichen und mit den Zucchinischeiben belegen. 35 Minuten im Ofen backen. Die Tarte vorsichtig aus der Form nehmen und mit etwas Olivenöl beträufeln. Sofort servieren (Abb. S. 26), als Beilage empfehle ich einen knackigen Eisbergsalat mit Senfvinaigrette (S. 90).

Tarte mit kandierten Tomaten

Für 3 oder 4 Personen
Vorbereitungszeit: 25 Minuten
Gar- und Backzeit: 1 Stunde 20 Minuten
Backform: 1 Backblech

1 Portion Blätterteig (S. 14)
500 g große Kirschtomaten
1 TL Salz
1 TL Pfeffer, frisch gemahlen
1 EL extrafeiner Zucker
1 Knoblauchzehe, zerdrückt
2 EL Pesto
50 g Parmesan
100 g Rucola, gewaschen und trockengeschleudert
Olivenöl
Fleur de Sel (Salzblüte), frisch gemahlener Pfeffer

Den Backofen auf 130 °C vorheizen. Die Tomaten halbieren, von den Kernen so viel wie möglich entfernen. Mit der Schnittfläche nach unten auf Küchenpapier legen, damit die überschüssige Flüssigkeit aufgesogen wird. 4 Esslöffel Olivenöl, das Salz, den Pfeffer, den Zucker und den Knoblauch in eine Schüssel geben, gut vermischen und auf eine ofenfeste Platte gießen. Die Tomaten (Schnittfläche nach unten) darauflegen und 1 Stunde im Ofen einkochen lassen. Anschließend die Temperatur auf 160 °C erhöhen.

Den Blätterteig auf einem mit Backpapier ausgelegten Backblech zu einem Rechteck von 15 x 26 cm ausrollen und mehrmals mit einer Gabel einstechen. Gleichmäßig mit Pesto bestreichen, dabei ringsum einen 1 cm breiten Rand aussparen. Mit den kandierten Tomaten belegen (Schnittfläche nach oben) und mit etwas Olivenöl beträufeln. Weitere 20 Minuten im Ofen backen. Der Teig sollte gut aufgehen und eine appetitlich goldbraune Färbung annehmen. Vom Parmesan mithilfe eines Sparschälers große Locken abschaben. Die Tarte aus dem Backofen nehmen, Rucola und Parmesanlocken darauf verteilen, mit etwas Olivenöl beträufeln und mit Fleur de Sel und Pfeffer würzen (Abb. S. 27).

Tipp: Die kandierten Tomaten lassen sich gut vorbereiten, die Tarte selbst kann dann im letzten Augenblick gebacken werden. Die Tarte jedoch erst unmittelbar vor dem Backen fertig stellen, sonst wird der Teig von Pesto und Tomaten aufgeweicht.

Zarte Paprika-Tomaten-Tarte mit Basilikum

Für 6 Personen
Vorbereitungszeit: 25 Minuten
Gar- und Backzeit: 50 Minuten
Backform: 1 ofenfeste Form (18 x 25 cm)

6 Blätter Brikteig
15 g Butter, zerlassen, dazu Butter für die Form
10 Blättchen Basilikum
6 mittelgroße runde Tomaten
1 große Zwiebel, gehackt
1/2 Knoblauchzehe
2 EL extrafeiner Zucker
3 EL Tomatenmark
1 rote oder orange Paprika, in kleinen Würfeln
2 Zweige Thymian (bevorzugt Zitronenthymian)
Olivenöl
Salz, frisch gemahlener Pfeffer

Den Backofen auf 150 °C vorheizen. Die ofenfeste Form mit Butter einfetten, am einen Ende der Form beginnend ein Teigblatt quer hineinlegen und gut andrücken, mit Butter bestreichen und mit Basilikum belegen. Mit den restlichen Teigblättern auf dieselbe Weise verfahren, bis die Form vollständig ausgekleidet ist. 10 Minuten im Ofen blindbacken (S. 10). Die Tomaten 10 Sekunden in kochendes Wasser legen, anschließend in Eiswasser tauchen, enthäuten und vierteln, dabei von den Kernen so viel wie möglich entfernen. Ein Drittel der vorbereiteten Tomaten grob zerkleinern. Die gehackte Zwiebel mit 2 Esslöffeln Olivenöl in einer Kasserolle andünsten, den Knoblauch, den Zucker, das Tomatenmark und die zerkleinerten Tomaten hinzufügen, mit Salz und Pfeffer würzen. 20 Minuten bei niedriger Temperatur offen köcheln lassen, bis die Flüssigkeit vollständig eingekocht ist. Die Tomatenmasse gleichmäßig auf dem vorgebackenen Teig verteilen, mit den Paprikawürfeln und den Tomatenvierteln belegen und mit etwas Olivenöl beträufeln. 20 Minuten im Ofen backen. Lauwarm servieren. Mit kleinen Thymianzweigen garnieren und mit Pfeffer würzen (Abb. S. 29).

Tipp: Perfekt wird die Tarte, wenn enthäutete Paprika verwendet werden. Das geht ganz leicht: dazu die Paprika unter dem Backofengrill grillen, bis sich die Haut schwarz färbt. Aus dem Ofen nehmen, einige Minuten lang in einem Plastikgefrierbeutel ruhen lassen – fertig! Nun häutet sich die Paprika quasi von selbst!

Sardinen-Tartes mit eingelegten Zitronen

Für 4 Personen
Vorbereitungszeit: 20 Minuten
Backzeit: 20 Minuten
Backform: 1 Backblech plus 4 Tortelett-Förmchen (à 12 cm Durchmesser)

8 Blätter Brikteig
8 frische Sardinenfilets
15 g Butter, zerlassen
600 g mittelgroße runde Tomaten
1 eingelegte Zitrone (gibt es in arabischen Feinkostläden)
1 Zweig Thymian
Olivenöl
Fleur de Sel (Salzblüte), frisch gemahlener Pfeffer

Die Sardinen vom Fischhändler filetieren lassen. Den Backofen auf 180 °C vorheizen. Auf einem großen Brett die Teigblätter ausbreiten und aus jedem Blatt zwei Kreise von 14 cm Durchmesser ausstechen. Vier Teigkreise mit Butter bestreichen, jeweils mit einem Teigkreis belegen, diesen wiederum mit Butter bestreichen, dann jeweils mit dem dritten Kreis belegen, erneut mit Butter bestreichen und den vierten und letzten Teigkreis auf die anderen legen, ohne ihn mit Butter zu bestreichen. Den Boden der Fettpfanne mit Backpapier auslegen und darauf die vier Teigkreis-Stapel setzen. Mit Backpapier abdecken und mit einem Gitterrost beschweren, damit sich die Teigkreise beim Backen nicht wellen. 6 Minuten im Ofen backen, bis sie leicht gebräunt sind, dann herausnehmen. Die Temperatur auf 210 °C erhöhen. Zwei Drittel der Tomaten für 10 Sekunden in kochendes Wasser legen, anschließend in Eiswasser tauchen, so lassen sie sich leicht enthäuten. Die Kerne und Scheidewände entfernen, das Fruchtfleisch in kleine Stücke schneiden. Die restlichen Tomaten in Scheiben schneiden.

Die eingelegte Zitrone unter lauwarmem Wasser abspülen, in kleine Würfel schneiden und mit den Tomatenstücken mischen. Diese Mischung gleichmäßig auf den vorgebackenen Teigkreisen verteilen, mit den Tomatenscheiben belegen, mit etwas Olivenöl beträufeln und mit Pfeffer übermahlen. 12 Minuten im Ofen backen. Falls die Tartes zu stark bräunen, mit einem eingefetteten Stück Alufolie abdecken. Die Sardinenfilets unter fließendem kaltem Wasser abspülen und mit Küchenpapier abtrocknen. In einer Kasserolle einen Esslöffel Olivenöl erhitzen und darin die Filets auf jeder Seite 1 Minute anbraten. Die kleinen Tartes aus dem Ofen nehmen und mit je zwei Sardinenfilets belegen. Mit Pfeffer und etwas Fleur de Sel aromatisieren und mit dem Thymian garnieren (Abb. S. 31). Als Beilage empfehle ich einen frischen Rucolasalat, vermischt mit ein paar Blättchen Basilikum.

Tipp: Die Teigblätter können schon vorgebacken und die Tomaten-Zitronen-Mischung kann vorbereitet werden. Die Tarte selbst sollte erst im letzten Augenblick fertig gestellt werden, damit der Brikteig nicht durchweicht. Auch die Sardinenfilets erst direkt vor dem Servieren anbraten.

Die Sardinenfilets können auch durch kleine Rotbarbenfilets ersetzt werden.

Auberginen-Tarte mit kandierten Tomaten

Für 6 Personen
Vorbereitungszeit: 35 Minuten
Gar- und Backzeit: 1 Stunde 50 Minuten
Kühlzeit: 30 Minuten
Backform: 1 Tarte-Form (26 cm Durchmesser)

1 Portion Mürbeteig (S. 12)
30 g Parmesan, frisch gerieben
6 EL Olivenöl
1 Knoblauchzehe, zerdrückt
2 EL getrockneter Oregano
1/2 Bund Basilikum, klein geschnitten
Saft von 1/2 Zitrone
500 g große Kirschtomaten
3 kleine Auberginen, in Scheiben geschnitten
Salz, frisch gemahlener Pfeffer
Butter für die Form

Den Backofen auf 180 °C vorheizen. Den Teig auf der Arbeitsfläche ausrollen, mehrmals mit einer Gabel einstechen, um ein Nudelholz rollen und über der mit Butter eingefetteten Tarte-Form wieder abrollen (mit den Gabeleinstichen nach unten). Mit Parmesan bestreuen und mit der flachen Hand den Käse in den Teig drücken. 30 Minuten im Kühlschrank ruhen lassen. Den Teig blindbacken (S. 10). Die Temperatur auf 160 °C reduzieren. In einer Schüssel das Olivenöl mit dem Knoblauch, dem Oregano, dem Basilikum, dem Zitronensaft, Salz und Pfeffer vermischen. Die Tomaten im Ganzen auf die eine Hälfte eines Backblechs legen, die Auberginenscheiben auf der anderen Hälfte verteilen und beides großzügig mit dem aromatisierten Öl beträufeln. Die Auberginen können nach Belieben mit einer Extraportion Olivenöl beträufelt werden – sie werden es danken! 45 Minuten im Ofen backen. Die Tomaten vom Blech nehmen, die Auberginen erneut mit etwas Olivenöl beträufeln und für weitere 45 Minuten in den Ofen schieben. Anschließend die Auberginenscheiben kreisförmig auf dem vorgebackenen Teigboden anrichten, die Tomaten dekorativ darauf verteilen und die Tarte 10 Minuten im Ofen erwärmen.

Die Tarte kann fast komplett vorbereitet werden, direkt vor dem Servieren wird nur noch der vorgebackene Teigboden mit dem Ofengemüse belegt. Zum Aufbacken 15 Minuten bei 150 °C in den vorgeheizten Ofen geben. Heiß oder lauwarm servieren (Abb. S. 33), dazu frische Blattsalate mit einer süßen Vinaigrette (S. 88) reichen.

Anmerkung: Für diese Tarte kann auch der selbst gemachte Mürbeteig mit Parmesan verwendet werden (S. 12).

Tomaten-Zucchini-Tarte mit Ziegenkäse und Basilikum

Für 4–6 Personen
Vorbereitungszeit: 25 Minuten
Backzeit: 30 Minuten
Backform: 1 Backblech

1 Portion Mürbeteig (S. 12)
1 Bund Basilikum, nur die Blättchen
100 ml Olivenöl
1 Eigelb
1 gehäufter EL Crème fraîche
3 Zucchini
3–4 Tomaten
1 Rolle Ziegenkäse, in Scheiben geschnitten
Frisch gemahlener Pfeffer
Butter zum Einfetten

Den Backofen auf 200 °C vorheizen. Die Basilikumblättchen mit dem Olivenöl vermischen und ziehen lassen. Auf einem mit Butter eingefetteten Backblech oder einem Stück Backpapier den Teig glatt (ohne Rand) ausrollen, dann mehrmals mit einer Gabel einstechen. In einer Schüssel das Eigelb mit der Crème fraîche vermischen und gleichmäßig auf den Teig streichen. Die Zucchini und die Tomaten in 1 cm dicke Scheiben schneiden, dabei einen Teil der Kerne entfernen, damit der Belag nicht zu feucht wird. Nun den Teig dachziegelartig abwechselnd mit Tomatenscheiben, Zucchinischeiben und Ziegenkäsescheiben belegen, mit der Hälfte des Basilikumöls beträufeln und mit Pfeffer würzen. Auf der unteren Einschubleiste des Backofens 30 Minuten backen. Nach dem Backen mit dem restlichen Basilikumöl beträufeln und sofort servieren (Abb. S. 34).

Anmerkung: Das ist die ideale Tarte für einen Sonntagabend. Besonders lecker wird sie, wenn man einen gut gereiften Ziegenkäse verwendet.

Spinat-Ricotta-Tarte mit Minze

Für 6–8 Personen
Vorbereitungszeit: 20 Minuten
Gar- und Backzeit: 30 Minuten
Backform: 1 rechteckige Backform mit Hebeboden

6 Blätter Filoteig
15 g Butter, zerlassen, dazu Butter für die Form
4 Schalotten, gehackt
200 g Blattspinat
350 g Ricotta
60 g Parmesan, frisch gerieben
15 Minzeblätter, klein geschnitten
1/2 TL gemahlener Piment d'Espelette (mittelscharfer Chili, ersatzweise die halbe Menge Cayennepfeffer)
3 Eier, verquirlt
Olivenöl
Salz, frisch gemahlener Pfeffer

Den Backofen auf 160 °C vorheizen. Die Backform mit Butter einfetten, am einen Ende der Form beginnend ein Teigblatt quer hineinlegen und gut andrücken. Mithilfe eines Backpinsels das Teigblatt mit Butter bestreichen, dann die restlichen Teigblätter auf dieselbe Weise in die Backform drücken, bis die Form vollständig ausgekleidet ist. Nach Belieben die Ränder glatt schneiden. 10 Minuten im Ofen backen, bis der Teig leicht gebräunt ist. Die Form aus dem Ofen nehmen und die Temperatur auf 180 °C erhöhen. In einer großen Kasserolle 2 Esslöffel Olivenöl erhitzen und die Schalotten mit dem Blattspinat bei mittlerer Temperatur 10 Minuten andünsten. In einer Schüssel den Blattspinat und die Schalotten mit dem Ricotta, dem Parmesan, der Minze, dem Chilipulver und den Eiern vermischen. Salz und Pfeffer hinzufügen und alles zu einer cremigen Masse verrühren. Auf dem Teigboden verteilen und 20 Minuten im Ofen backen. Heiß oder lauwarm servieren (Abb. S. 35).

Anmerkung: Diese Tarte blendet nicht durch ihr Äußeres, doch ihre inneren Werte enthüllt sie schon beim ersten Biss.

Spinat-Gorgonzola-Tarte

Für 6 Personen
Vorbereitungszeit: 20 Minuten
Backzeit: 40 Minuten
Kühlzeit: 30 Minuten
Backform: 1 Backform mit hohem Rand (18 cm Durchmesser)

1 Portion Blätterteig (S. 14)
1 Ei, verquirlt
200 ml süße Sahne
100 g Parmesan, frisch gerieben
100 g Blattspinat, grob zerkleinert
120 g Gorgonzola, in kleine Würfel geschnitten
Salz, frisch gemahlener Pfeffer
Butter für die Form

Den Backofen auf 200 °C vorheizen. Den Teig auf der Arbeitsfläche ausrollen, mehrmals mit einer Gabel einstechen, um ein Nudelholz rollen und über der mit Butter eingefetteten Tarte-Form wieder abrollen (mit den Gabeleinstichen nach unten). 30 Minuten im Kühlschrank ruhen lassen. Den Teig blindbacken (S. 10). In einer Schüssel das Ei mit der süßen Sahne, dem Parmesan, dem Pfeffer und wenig Salz vermischen. Den grob zerkleinerten Spinat und die Gorgonzolawürfel hinzufügen und gründlich mit der Ei-Sahne-Masse vermischen.

Auf dem vorgebackenen Teigboden verteilen und 40 Minuten im Ofen backen. Die Tarte während des Backens mit einem Stück Alufolie abdecken, damit sie nicht zu stark bräunt. Lauwarm servieren, zusammen mit ein paar fein aufgeschnittenen Scheiben rohem Schinken, wie zum Beispiel San-Daniele-Schinken (Abb. S. 37).

Variation: Der Gorgonzola kann auch durch Roquefort ersetzt werden.

Lauch-Tarte

Für 4–6 Personen
Vorbereitungszeit: 25 Minuten
Gar- und Backzeit: 40 Minuten
Backform: 1 Backblech

5 Blätter Brikteig
30 g Butter, zerlassen, sowie 40 g Butter zum Anbraten
300 g Lauch, die Stangen halbiert, dann der Länge nach in Stücke geschnitten
400 g Ziegenfrischkäse
1 Eigelb, verquirlt
50 g Parmesan, frisch gerieben
12 Salbeiblätter, klein geschnitten
1 TL gemahlener Piment d'Espelette (mittelscharfer Chili, ersatzweise 1/2 TL Cayennepfeffer)
30 g Pinienkerne, geröstet
Frisch gemahlener Pfeffer

Den Backofen auf 160 °C vorheizen. Ein Teigblatt auf das mit Backpapier ausgelegte Backblech legen und mit Butter bestreichen. Die anderen Teigblätter darauflegen und – bis auf das abschließende Teigblatt – ebenfalls mit Butter bestreichen. Etwas Butter zurückbehalten. 10 Minuten im Ofen backen. In einer Kasserolle die 40 g Butter zerlassen und den Lauch darin von beiden Seiten je 7 Minuten bei niedriger Temperatur anschwitzen. Den Ziegenkäse zerdrücken und mit dem Eigelb, dem Parmesan, dem Salbei und dem Chilipulver vermischen. Mit Pfeffer würzen. Die Käsemasse auf dem Teigboden verteilen und mit dem Lauch belegen. Mit Butter bestreichen und 20 Minuten im Ofen backen. Mit den Pinienkernen bestreuen und sofort servieren (Abb. S. 39).

Apfel-Blutwurst-Tarte

Für 6 Personen
Vorbereitungszeit: 1 Stunde
Gar- und Backzeit: 25 Minuten
Backform: 6 Tortelett-Förmchen aus Silikon (à 12 cm Durchmesser)

12 Blätter Filoteig
70 g Butter
500 g Blutwurst, Haut entfernt
2 mittelgroße Zwiebeln, fein gewürfelt
1/2 TL Quatre-épices (Vier-Gewürze-Pulver mit Zimt, Nelke, Muskatnuss und Pfeffer)
2–3 Äpfel (Golden Delicious), geschält, Kerngehäuse entfernt und geviertelt
Olivenöl
Salz, frisch gemahlener Pfeffer

Den Backofen auf 160 °C vorheizen. 30 g der Butter zerlassen. Die Förmchen buttern und jeweils mit einem zusammengefalteten Teigblatt auskleiden. Das Teigblatt mit zerlassener Butter bestreichen. Mit den restlichen 6 Teigblättern genauso verfahren. Die Ränder glatt schneiden. 10 Minuten im Ofen backen. Die Blutwurst mit den Quatre-épices zerdrücken. Die Zwiebeln in 1 Esslöffel Olivenöl andünsten, bis sie etwas Farbe angenommen haben, dann die Blutwurst hinzufügen. 5 Minuten bei niedriger Temperatur anbraten. Mit Salz und Pfeffer würzen. Die Äpfel in 20 g Butter von jeder Seite 2 Minuten bei mittlerer Temperatur goldbraun braten. Mit Pfeffer würzen. Die Blutwurstmasse auf den vorgebackenen Teigböden verteilen und mit den Apfelspalten belegen. Mit Butterflöckchen bedecken und 10 Minuten im Ofen backen. Vor dem Servieren 5 Minuten abkühlen lassen (Abb. S. 39). Als Beilage empfehle ich einen Eichblattsalat mit Balsamico-Dressing (Seite 88).

Tarte Tatin mit Steinpilzen

Für 4 Personen
Vorbereitungszeit: 45 Minuten
Gar- und Backzeit: 30 Minuten
Kühlzeit: 25 Minuten
Backform: 1 Backblech plus 4 Tortelett-Förmchen (à 12 cm Durchmesser)

1 Portion Blätterteig (S. 14)
800 g Steinpilze, in dünne Scheiben geschnitten
1 Knoblauchzehe
24 Blättchen glatte Petersilie, klein geschnitten
2 Schalotten, fein gehackt
60 g weiche Butter
Olivenöl
Fleur de Sel (Salzblüte), frisch gemahlener Pfeffer

Den Backofen auf 210 °C vorheizen. In einer Kasserolle 2 Esslöffel Olivenöl erhitzen und die Steinpilzscheiben darin von jeder Seite 2 Minuten andünsten, anschließend auf Küchenpapier legen, damit das überschüssige Fett aufgesogen wird. Aus dem Blätterteig 4 Kreise à 14 cm ausstechen, mehrmals mit einer Gabel einstechen und 30 Minuten kühl stellen. Danach 8 Minuten auf einem mit Backpapier ausgelegten Backblech backen, wenden und weitere 8 Minuten backen. Zum Warmhalten in Alufolie wickeln. Die Förmchen mit einer halbierten Knoblauchzehe ausreiben und mit Butter einfetten. Die Förmchen rosenblütenartig mit den Steinpilzscheiben auslegen. Mit Salz und Pfeffer würzen, dann mit Petersilie und zum Schluss mit den Schalottenwürfeln bestreuen. Mit Butterflöckchen belegen und 8 Minuten im Ofen (untere Schiene) backen. Wenn die Steinpilze karamellisiert sind, die Blätterteigböden darauflegen und die Förmchen stürzen. Mit Fleur de Sel und Pfeffer bestreuen und sofort servieren (Abb. S. 39).

Kräuter-Tarte mit Pinienkernen

Für 6 Personen
Vorbereitungszeit: 15 Minuten
Backzeit: 20 Minuten
Backform: 1 Backblech

1 Portion Blätterteig (S. 14)
250 g Rucola (falls erhältlich, wilder Rucola)
1/3 Bund Schnittlauch, in feine Ringe geschnitten
1/3 Bund Koriandergrün, nur die Blättchen
1/3 Bund Kerbel, nur die Blättchen
2 Zweige Estragon, nur die Blättchen
2 Stängel glatte Petersilie, nur die Blättchen
2 Stängel Basilikum, nur die Blättchen
60 g Pinienkerne
3 EL Olivenöl
1 EL Sojasauce
1 TL Balsamico
Einige Tropfen roter Tabasco
Fleur de Sel (Salzblüte), frisch gemahlener Pfeffer

Den Backofen auf 200 °C vorheizen. Den Teig ausrollen, mehrmals mit einer Gabel einstechen und auf ein mit Backpapier ausgelegtes Backblech legen (mit den Einstichen nach unten). Den Teig blindbacken (S. 10). 10 Minuten abkühlen lassen. In einer Schüssel alle anderen Zutaten vermischen und auf dem fertigen Blätterteigboden verteilen. Mit Salz und Pfeffer würzen. Zu Fleisch oder gegrilltem Fisch servieren (Abb. S. 39).

Tarte Tatin mit Tomaten

Für 4 Personen
Vorbereitungszeit: 50 Minuten
Gar- und Backzeit: 1 Stunde 20 Minuten
Backform: 1 ofenfeste Form (18 cm Durchmesser)

1 Portion Mürbeteig (S. 12)
1 kg große Kirschtomaten
5 TL Tomatenmark
2 Knoblauchzehen, zerdrückt
20 Blättchen Basilikum, klein geschnitten
2 EL brauner Zucker
1 EL Balsamico
Olivenöl
Salz, frisch gemahlener Pfeffer

Den Backofen auf 130 °C vorheizen. Die Tomaten kurz überbrühen, anschließend in Eiswasser tauchen und enthäuten. Am unteren Ende aufschneiden und mithilfe eines spitzen Messers so viel von den Kernen entfernen wie möglich.
Mit der aufgeschnittenen Seite nach unten auf Küchenpapier setzen, damit die überschüssige Flüssigkeit aufgesogen werden kann. 6 Esslöffel Olivenöl mit dem Tomatenmark, dem Knoblauch und dem Basilikum verrühren. Die Tomaten mit der aufgeschnittenen Seite nach oben auf ein Backblech setzen und auf jede Tomate etwas von der Mischung geben. Mit Olivenöl beträufeln und mit Pfeffer übermahlen. 1 Stunde im Ofen backen. Dann die Temperatur auf 180 °C erhöhen. Aus dem Mürbeteig einen Teigkreis ausstechen, der 1 cm größer als die Tarte-Form ist. Mehrmals mit einer Gabel einstechen, auf ein Stück Backpapier legen und mit Backgewichten belegt 20 Minuten in der Ofenmitte blindbacken (S. 10). Zum Warmhalten mit Alufolie abdecken. Den braunen Zucker mit dem Essig in eine Tarte-Form geben und 2 Minuten bei niedriger Temperatur auf dem Herd erhitzen. Dann die Tomaten mit der aufgeschnittenen Seite nach oben eng nebeneinander in die Form setzen, dabei zwischen Formrand und Tomaten ringsum einen Rand von 1 cm frei lassen. 20 Minuten im Ofen backen. Den vorgebackenen Teigboden auf die Tomaten legen und stürzen. Die Tarte sofort servieren (Abb. S. 40).

Zwiebel-Tarte „Delphine"

Für 6 Personen
Vorbereitungszeit: 20 Minuten
Gar- und Backzeit: 50 Minuten
Backform: 1 Backblech

1 Portion Blätterteig (S. 14)
50 g Rosinen
4 EL Olivenöl
7 mittelgroße Zwiebeln, fein gehackt
1 EL Zucker
1 EL Honig
2 TL Quatre-épices (Vier-Gewürze-Pulver mit Zimt, Nelke, Muskatnuss und Pfeffer)
2 EL Crème fraîche
Salz, frisch gemahlener Pfeffer

Die Rosinen in warmem Wasser einweichen. Den Backofen auf 200 °C vorheizen. Das Olivenöl bei niedriger Temperatur in einer Kasserolle erhitzen und darin die Zwiebeln und die abgegossenen Rosinen andünsten. Zugedeckt 20 Minuten dünsten, dabei häufig umrühren. Die Temperatur erhöhen, den Zucker und den Honig hinzufügen und 10 Minuten anbräunen lassen. Die Quatre-épices und die Crème fraîche unterrühren, mit Salz und Pfeffer würzen. Weitere 3 Minuten bei mittlerer Temperatur ohne Deckel einköcheln lassen. Den Teig nach Belieben rund oder rechteckig ausrollen. Auf ein mit Backpapier ausgelegtes Backblech legen und die Zwiebelmasse auf dem Teigboden verteilen, dabei ringsum einen Rand von 1 cm frei lassen. 20 Minuten im Ofen backen. Der Teig sollte gut aufgehen und eine appetitlich goldbraune Färbung annehmen. Die Tarte heiß servieren (Abb. S. 41).
Als Beilage empfehle ich einen Eichblattsalat mit Balsamico-Dressing (S. 88).

Feine Trüffel-Tarte

Für 2 Personen
Vorbereitungszeit: 20 Minuten
Gar- und Backzeit: 30 Minuten
Kühlzeit: 30 Minuten
Backform: 1 Backblech

1 Portion Blätterteig (S. 14)
1 Trüffel (Größe nach Budget), in hauchdünne Scheiben gehobelt
1 Zwiebel, fein gehackt
15 g durchwachsener Speck, in Streifen oder Würfeln
15 g Gänsefett
3 EL Crème fraîche
10 g Butter
Fleur de Sel (Salzblüte), frisch gemahlener Pfeffer

Den Backofen auf 200 °C vorheizen. Den Teig ausrollen und 4 Kreise ausstechen. Mehrmals mit einer Gabel einstechen und 30 Minuten kühl stellen. Anschließend auf einem mit Backpapier ausgelegten Backblech 8 Minuten backen, dann wenden und weitere 8 Minuten backen. Zum Warmhalten in Alufolie wickeln. In der Zwischenzeit die Zwiebel mit dem durchwachsenen Speck 20 Minuten im Gänsefett anbraten, dann die Crème fraîche unterziehen. Mit Salzblüte und Pfeffer würzen und weitere 5 Minuten bei niedriger Temperatur garen. Die Zwiebelmasse gleichmäßig auf den vorgebackenen Teigböden verteilen, mit Trüffelscheibchen bedecken und mit Butterflöckchen belegen. Im heißen Ofen 2 Minuten erwärmen, mit Fleur de Sel bestreuen, mit wenig Pfeffer übermahlen und sofort servieren (Abb. S. 43).

Mini-Tartes Champignon

Für 6–8 Personen/18 Stück
Vorbereitungszeit: 25 Minuten
Gar- und Backzeit: 25 Minuten
Backform: 1 Backblech

1 Portion Mürbeteig (S. 12)
30 g Parmesan, frisch gerieben
400 g Champignons, in Stücke geschnitten
2 Schalotten, fein gehackt
4 EL Crème fraîche
3 EL Olivenöl
4 Zweige Kerbel, klein geschnitten
Salz, frisch gemahlener Pfeffer

Den Backofen auf 180 °C vorheizen. Den Teig dünn ausrollen, mit Parmesan bestreuen und mit der flachen Hand den Käse in den Teig drücken.
18 Kreise à 6–7 cm aus dem Teig ausstechen und auf ein mit Backpapier ausgelegtes Backblech legen, mehrmals mit einer Gabel einstechen. Mit Backpapier abdecken und mit einem Gitterrost beschweren. 10 Minuten in der Ofenmitte backen, dabei einmal wenden. Die Champignons und die Schalotten in dem Olivenöl bei mittlerer Temperatur 5 Minuten andünsten. Mit Salz und Pfeffer würzen. Etwas Crème fraîche auf die Teig-böden streichen, dann die Champignons mittig darauf verteilen. 10 Minuten im Ofen erwärmen, dabei die Mini-Tartes mit Alufolie abdecken. Mit Kerbel bestreuen und servieren (Abb. S. 45).

Anmerkung: Diese Mini-Tartes lassen sich gut im Voraus zubereiten und in Alufolie eingewickelt 5 Minuten bei 130 °C aufbacken. Erst kurz vor dem Servieren mit Kerbel bestreuen.

Torteletts Ricotta-Tomate

Für 6 Personen
Vorbereitungszeit: 20 Minuten
Backzeit: 30 Minuten
Kühlzeit: 30 Minuten
Backform: 6 Tortelett-Förmchen aus Silikon (à 8 cm Durchmesser)

1 Portion Blätterteig (S. 14)
1 Eiweiß (Verwendung s. S. 10)
200 g Ricotta
80 g Parmesan, frisch gerieben
2 Eier, verquirlt
3 Zweige Basilikum
150 g eingelegte getrocknete Tomaten
Salz, frisch gemahlener Pfeffer

Den Backofen auf 200 °C vorheizen. Den Teig ausrollen und 6 Kreise ausstechen. Mehrmals mit einer Gabel einstechen und die Förmchen damit auskleiden. 30 Minuten kühl stellen. Die Teigböden vorbacken (S. 10). Den Ricotta, den Parmesan, die Eier und die Basilikumblättchen im Mixer pürieren, mit Pfeffer und wenig Salz würzen. Die Masse auf den vorgebackenen Teigböden verteilen und mit den Tomaten belegen. 20 Minuten backen. Heiß oder lauwarm servieren (Abb. S. 45).

Mini-Tartes Ricotta-Rucola-Parmesan

Für 6–8 Personen/16 Stück
Vorbereitungszeit: 15 Minuten
Backzeit: 25 Minuten
Backform: 16 Mini-Silikon-Förmchen (mit hohem Rand, Mini-Muffin- oder Mini-Kuchen-Förmchen)

250 g Ricotta
50 ml Crème fraîche
200 g Rucola, gewaschen und trockengeschleudert
40 g Parmesan, frisch gerieben
25 g Pinienkerne
5 Basilikumblättchen
1 EL Olivenöl
2 Eier, verquirlt
Salz, frisch gemahlener Pfeffer

Den Backofen auf 160 °C vorheizen. Den Ricotta, die Crème fraîche, den Rucola, den Parmesan, die Pinienkerne, die Basilikumblättchen und das Olivenöl im Mixer zu einer cremigen, homogenen Masse pürieren. Die Eier unterrühren, mit Salz und Pfeffer würzen. Die Masse in die Förmchen gießen und 25 Minuten im Ofen backen (Abb. S. 45).

Torteletts Kartoffel-Aubergine

Für 6 Personen
Vorbereitungszeit: 25 Minuten
Gar- und Backzeit: 40 Minuten
Kühlzeit: 30 Minuten
Backform: 1 Backblech

1 Portion Blätterteig (S. 14)
2 kleine Auberginen, in Scheiben geschnitten
3 fest kochende Kartoffeln, geschält
2 Zwiebeln, gehackt
4 Stängel Koriandergrün, klein geschnitten
Salz, frisch gemahlener Pfeffer, Olivenöl

Den Backofen auf 200 °C vorheizen. Den Teig ausrollen, 6 Kreise à 8 cm ausstechen und kühl stellen. Die Auberginenscheiben mit Olivenöl beträufeln und bei niedriger Temperatur 5 Minuten pro Seite anbraten. Auf Küchenpapier abtropfen lassen. Die Kartoffeln 10 Minuten im Dampf garen, anschließend in feine Scheiben schneiden. Die Zwiebeln in 1 Esslöffel Olivenöl bei niedriger Temperatur 10 Minuten andünsten, dann gleichmäßig auf die Teigböden verteilen und mit der Hälfte des Koriandergrüns bestreuen. Mit den Auberginenscheiben und anschließend mit den Kartoffelscheiben belegen. Mit Salz und Pfeffer würzen und mit etwas Olivenöl beträufeln. 20 Minuten im Ofen backen. Mit dem restlichen Koriandergrün bestreuen und heiß oder lauwarm zum Aperitif oder als Vorspeise servieren (Abb. S. 45).

Mini-Tartes Thunfisch

Für 6 Personen/12 Stück
Vorbereitungszeit: 15 Minuten
Gar- und Backzeit: 50 Minuten
Backform: 1 Backblech

1 Portion Blätterteig (S. 14)
1 Dose stückige Tomaten, ohne den Saft
2 Knoblauchzehen, gehackt
1 EL Zucker
300 g frischer Roter Thunfisch
12 Blättchen Basilikum
3 EL Olivenöl
Salz, frisch gemahlener Pfeffer

Den Backofen auf 200 °C vorheizen. In einer Kasserolle die Tomaten mit dem Knoblauch, dem Zucker, 1 Esslöffel Olivenöl, Salz und Pfeffer 30 Minuten bei niedriger Temperatur einköcheln lassen. Aus dem Blätterteig 12 Kreise à 6–7 cm ausstechen und 15 Minuten im Ofen blindbacken (S. 10). In einer heißen Pfanne den Thunfisch von jeder Seite 2 Minuten im Olivenöl scharf anbraten. Danach in 12 Stücke teilen. Jede Mini-Tarte mit etwas Tomatenmasse bestreichen, einem Stück Thunfisch belegen, einem Basilikumblättchen garnieren und mit Salz und Pfeffer würzen (Abb. S. 47).

Mini-Tartes „Chèvre"

Ergibt 36 Stück
Vorbereitungszeit: 25 Minuten
Gar- und Backzeit: 20 Minuten
Backform: 1 Mini-Muffin-Blech aus Silikon

4 Blätter Filoteig
50 g Butter, zerlassen
4 Zweige Koriandergrün, klein geschnitten
150 g Ziegenfrischkäse
250 ml Crème fraîche
1 Ei, verquirlt und 3 Eigelbe, verquirlt
Flüssiger Honig
Salz, frisch gemahlener Pfeffer

Den Backofen auf 160 °C vorheizen. Die Teigblätter aufeinander legen und der Länge nach halbieren. Den Vorgang wiederholen, bis die Teigstücke eine Größe von 5 x 7 cm haben. Die Vertiefungen des Muffin-Blechs mit Butter einfetten und mit je einem Teigrechteck auskleiden, das gut angedrückt werden muss. Mit zerlassener Butter bestreichen und mit Koriandergrün bestreuen. Mit einem weiteren Teigrechteck bedecken und auch dieses mit Butter bestreichen. 10 Minuten im Ofen backen, dann abkühlen lassen. Den Ziegenkäse in eine Schüssel geben und zerdrücken. Zuerst mit der Crème fraîche vermischen, dann mit dem Ei und den Eigelben. Mit Pfeffer und etwas Salz würzen und gleichmäßig auf die vorgebackenen Teigböden verteilen. 10 Minuten im Ofen backen. Mit etwas Honig beträufeln und mit Pfeffer übermahlen. Heiß oder lauwarm servieren (Abb. S. 47).

Mini-Tartes Kabeljau

Für 6 Personen/12 Stück
Vorbereitungszeit: 20 Minuten
Gar- und Backzeit: 25 Minuten
Backform: 1 Backblech

1 Portion Mürbeteig (S. 12)
400 g Kabeljaufilet
1/4 Zitrone
Einige Blätter Kopfsalat
4 TL Balsamico
3 EL Olivenöl
6 Stängel Schnittlauch, in feine Ringe geschnitten
3 Zweige Estragon, klein geschnitten
3 Stängel Koriandergrün, klein geschnitten
3 Stängel Petersilie, klein geschnitten
Fleur de Sel (Salzblüte), frisch gemahlener Pfeffer

Die Teigböden vorbereiten (wie im Rezept für Camembert-Tarte, S. 24, beschrieben). Den Boden eines Dämpftopfs mit Wasser, der Zitrone und 1 Teelöffel Balsamico befüllen. Das Fischfilet auf den Salatblättern im Dämpfeinsatz 10 Minuten garen, bis es außen und innen perlmuttfarben ist. Die Salatblätter entfernen und den Fisch auf Küchenpapier abtrocknen lassen. Aus 3 Teelöffeln Balsamico, dem Olivenöl, Fleur de Sel und Pfeffer eine Vinaigrette anrühren. Die Mini-Tartes mit der Hälfte der Vinaigrette beträufeln, mit den Kabeljaustücken belegen und mit den Kräutern bestreuen. Mit etwas Vinaigrette abrunden (Abb. S. 47).

Mini-Tartes „Meerescocktail"

Ergibt 36 Stück
Vorbereitungszeit: 45 Minuten
Backzeit: 10 Minuten
Backform: 1 Mini-Muffin-Blech oder ein Mini-Tortelett-Blech, möglichst aus Silikon

2 Blätter Filoteig
50 g Butter, zerlassen
400 g Forellenfilet, in kleine Stücke geschnitten
300 g Jakobsmuscheln ohne Corail (Rogen), in kleine Stücke geschnitten
2 EL Erdnussöl
1 Stück Ingwerwurzel (2 cm lang), klein geschnitten
2 Frühlingszwiebeln, in feine Ringe geschnitten
8 Stängel Schnittlauch, in feine Ringe geschnitten
2 EL Crème fraîche
Fleur de Sel (Salzblüte), frisch gemahlener Pfeffer

Die Filoteigböden zubereiten wie für Mini-Tartes „Chèvre" beschrieben. In einer Schüssel Fisch, Jakobsmuscheln, Öl, Ingwer, Zwiebeln und Schnittlauch vermischen. Mit Pfeffer und Fleur de Sel würzen und kühl stellen. Vor dem Servieren auf jeden Teigboden zuerst etwas Crème fraîche und dann den marinierten Fisch geben und mit Fleur de Sel und Pfeffer bestreuen (Abb. S. 47).

Quiches und Pies

Quiche lorraine

Für 6 Personen
Vorbereitungszeit: 25 Minuten
Gar- und Backzeit: 45 Minuten
Kühlzeit: 30 Minuten
Backform: 1 Tarte-Form (24 cm Durchmesser)

1 Portion Mürbeteig (S. 12)
150 g durchwachsener Speck, in Streifen oder Würfeln
1 Stück Gruyère (100 g)
400 ml Crème fraîche
1 EL Mehl
3 Eier
3 Eigelbe
Butter für die Form
Frisch gemahlener Pfeffer

Den Backofen auf 180 °C vorheizen. Den Teig auf der Arbeitsfläche ausrollen, mehrmals mit einer Gabel einstechen, um ein Nudelholz rollen und über der mit Butter eingefetteten Tarte-Form wieder abrollen (mit den Gabeleinstichen nach unten). 30 Minuten im Kühlschrank ruhen lassen.
Die Streifen bzw. Würfel vom durchwachsenen Speck einige Sekunden in einer Kasserolle mit kochendem Wasser blanchieren, abgießen und mit Küchenpapier abtrocknen. In einer kleinen Pfanne bei niedriger Temperatur 5 Minuten sanft anbraten – darauf achten, dass der Speck keine Farbe annimmt. Danach auf Küchenpapier geben, damit das überschüssige Fett aufgesogen wird. Den Käse in Streifen schneiden und den Teigboden damit belegen. In einer Schüssel die Eier, die Eigelbe und die Crème fraîche verrühren, den Speck hinzufügen und mit Pfeffer würzen. Die Masse gleichmäßig auf dem mit Käse belegten Teigboden verteilen. Die Form nicht bis zum Rand füllen, da die Masse beim Backen aufgeht. 20 Minuten im Ofen (untere Einschubleiste) backen, dann die Temperatur auf 150 °C reduzieren und weitere 20 Minuten backen. Mit einem Messer prüfen, ob die Quiche fertig gebacken ist: Das ist der Fall, wenn die Klinge nach dem Einstechen in die Tarte sauber wieder herausgezogen werden kann. Heiß, lauwarm oder auch kalt servieren (Abb. S. 51), als Beilage empfehle ich den knackigen Eisbergsalat mit Senfvinaigrette (S. 90).

Anmerkung: Der Gruyère kann durch frisch geriebenen Parmesan ersetzt werden. Das entspricht zwar nicht dem traditionellen Rezept, schmeckt aber auch sehr gut.

Quiche mit karamellisierten Zwiebeln

Für 6 Personen
Vorbereitungszeit: 20 Minuten
Gar- und Backzeit: 1 Stunde 20 Minuten
Kühlzeit: 30 Minuten
Backform: 1 Tarte-Form (26 cm Durchmesser)

1 Portion Mürbeteig (S. 12)
1 Eiweiß (Verwendung s. S. 10)
1 Stück Ingwerwurzel (1 cm)
2 EL Olivenöl
6 mittelgroße Zwiebeln, in feine Ringe geschnitten
3 EL extrafeiner Zucker
5 EL Rotwein
3 Eier
3 Eigelbe
500 ml Milch
100 ml Crème fraîche
Salz, frisch gemahlener Pfeffer

Den Backofen auf 180 °C vorheizen. Den Teig auf der Arbeitsfläche ausrollen, mehrmals mit einer Gabel einstechen, um ein Nudelholz rollen und über der mit Butter eingefetteten Tarte-Form wieder abrollen (mit den Gabeleinstichen nach unten). 30 Minuten im Kühlschrank ruhen lassen. Den Teig blindbacken (Seite 10). Die Temperatur auf 190 °C erhöhen. Die Ingwerwurzel schälen und klein schneiden. In einer großen Kasserolle das Olivenöl erhitzen, die Zwiebeln und den Ingwer darin andünsten, mit Pfeffer und wenig Salz würzen. Zugedeckt 10 Minuten dünsten, dabei gelegentlich umrühren. Mit dem Zucker bestreuen, die Temperatur erhöhen und 10 Minuten anbräunen lassen. Darauf achten, dass die Zwiebeln nicht anbrennen. Den Rotwein angießen und weitere 15 Minuten bei mittlerer Temperatur köcheln lassen, bis die Flüssigkeit vollständig eingekocht und die Zwiebeln gut gebräunt sind, dann abschmecken. In einer großen Schüssel die Eier und Eigelbe, die Milch und die Crème fraîche verrühren, mit Pfeffer und wenig Salz würzen. Die Zwiebeln gleichmäßig auf dem Teigboden verteilen und mit der Eiermilch übergießen. 30 Minuten im Ofen backen. Die Tarte soll eine appetitlich goldbraune Farbe annehmen. Einige Minuten in der Form abkühlen lassen, dann herausnehmen. Heiß oder lauwarm mit einem Eichblattsalat mit Balsamico-Dressing (S. 88) servieren (Abb. S. 53).

Tipp: Falls Sie Ingwer nicht mögen, ersetzen Sie ihn durch etwas Thymian oder Quatre-épices (Vier-Gewürze-Pulver mit Zimt, Nelke, Muskatnuss und Pfeffer).

Fenchel-Roquefort-Quiche

Für 4–6 Personen
Vorbereitungszeit: 25 Minuten
Gar- und Backzeit: 1 Stunde
Kühlzeit: 30 Minuten
Backform: 1 Backform mit hohem Rand (20 cm Durchmesser)

1 Portion Mürbeteig (S. 12)
1 Eiweiß (Verwendung s. S. 10)
2 EL Olivenöl
2 große Fenchelknollen, längs in dünne Scheiben geschnitten
1 Ei
1 Eigelb
100 ml Milch
4 EL Crème fraîche
180 g Roquefort, in kleine Würfel geschnitten
Butter für die Form
Salz, frisch gemahlener Pfeffer

Den Backofen auf 180 °C vorheizen. Den Teig auf der Arbeitsfläche ausrollen, mehrmals mit einer Gabel einstechen, um ein Nudelholz rollen und über der mit Butter eingefetteten Tarte-Form wieder abrollen (mit den Gabeleinstichen nach unten). 30 Minuten im Kühlschrank ruhen lassen. Den Teig blindbacken (Seite 10). Die Temperatur auf 190 °C erhöhen. Das Olivenöl in einer Kasserolle erhitzen, den Fenchel zugeben und mit Pfeffer würzen. Zugedeckt 20 Minuten dünsten, dabei gelegentlich umrühren. Das Ei, das Eigelb, die Milch und die Crème fraîche verrühren, mit Pfeffer würzen. Kein Salz zugeben! Wenn der Fenchel gar ist, die Roquefort-Würfel hinzufügen und unter Rühren schmelzen. Mit der Eiermilch vermischen und gleichmäßig auf dem vorgebackenen Tarte-Boden verteilen. 30 Minuten in der Ofenmitte backen. Die Tarte soll eine appetitlich goldbraune Farbe annehmen. Einige Minuten in der Form abkühlen lassen, dann herausnehmen. Heiß oder lauwarm servieren (Abb. S. 54)

Variation: Den Roquefort durch einen anderen Blauschimmelkäse ersetzen und die Hälfte des Fenchels durch Äpfel (ich empfehle die Sorte Renette oder Boskop).

Drei-Käse-Quiche

Für 6 Personen
Vorbereitungszeit: 20 Minuten
Backzeit: 40 Minuten
Kühlzeit: 30 Minuten
Backform: 1 Tortenform (26 cm Durchmesser) oder eckige Backform mit hohem Rand

1 Portion Mürbeteig (S. 12)
1 Eiweiß (Verwendung s. S. 10)
100 g Büffelmilch-Mozzarella
3 Eier, verquirlt
400 ml Crème fraîche
100 g Parmesan, frisch gerieben
100 g Gruyère, frisch gerieben
Butter für die Form
Salz, frisch gemahlener Pfeffer

Den Backofen auf 180 °C vorheizen. Den Teig auf der Arbeitsfläche ausrollen, mehrmals mit einer Gabel einstechen, um ein Nudelholz rollen und über der mit Butter eingefetteten Form wieder abrollen (mit den Gabeleinstichen nach unten). 30 Minuten im Kühlschrank ruhen lassen. Den Teig blindbacken (Seite 10). Die Temperatur auf 190 °C erhöhen. Den Mozzarella in Würfel schneiden und den vorgebackenen Teigboden damit bestreuen. Die Eier, die Crème fraîche, den Parmesan und den Gruyère vermischen, nur mit Pfeffer würzen (der Salzgehalt der drei Käsesorten ist ausreichend). Die Käsemasse gleichmäßig auf dem Mozzarella verteilen. 30 Minuten in der Ofenmitte backen. Falls die Tarte zu stark bräunt, die Oberfläche mit Alufolie abdecken. Einige Minuten in der Form abkühlen lassen, dann herausnehmen (Abb. S. 55).

Variation: Eine Mischung aus Beaufort, Comté und Emmentaler ist ebenfalls eine feine Sache, und warum nicht frische Kräuter (Schnittlauch, Basilikum, Estragon – aber nur in sehr kleinen Mengen!) unter die Käsemasse mischen?

Quiche mit Reblochon

Für 4–6 Personen
Vorbereitungszeit: 20 Minuten
Backzeit: 50 Minuten
Kühlzeit: 30 Minuten
Backform: 1 Tarte-Form mit hohem Rand (24 cm Durchmesser)

1 Portion Mürbeteig (S. 12)
1 Eiweiß (Verwendung s. S. 10)
2 Eier
2 Eigelbe
150 ml Milch
150 ml Crème fraîche
300 g reifer Reblochon
Butter
Salz, frisch gemahlener Pfeffer

Den Backofen auf 180 °C vorheizen. Den Teig auf der Arbeitsfläche ausrollen, mehrmals mit einer Gabel einstechen, um ein Nudelholz rollen und über der mit Butter eingefetteten Tarte-Form wieder abrollen (mit den Gabeleinstichen nach unten). 30 Minuten im Kühlschrank ruhen lassen. Den Teig blindbacken (Seite 10). Die Temperatur auf 190 °C erhöhen. Vom Reblochon die Rinde abtrennen und den Käse in kleine Stücke schneiden. In einer Schüssel die Eier, die Eigelbe, die Milch und die Crème fraîche verrühren und mit Pfeffer würzen. Die Reblochon-Stücke hinzufügen und untermischen. Die Masse gleichmäßig auf dem Teigboden verteilen. 40 Minuten in der Ofenmitte backen. Falls die Tarte zu stark bräunt, Alufolie mit Butter einfetten und die Oberfläche damit abdecken, damit sie nicht verbrennt. Einige Minuten in der Form abkühlen lassen, dann herausnehmen (Abb. S. 57).

Tipp: Diese Quiche kann heiß oder lauwarm serviert werden, aber auf keinen Fall kalt, dafür ist der Reblochon zu schwer.

Goldbraune Parmesan-Quiches

Für 6 Personen
Vorbereitungszeit: 25 Minuten
Gar- und Backzeit: 40 Minuten
Kühlzeit: 10 Minuten
Backform: 6 Tortelett-Förmchen
(à 8 cm Durchmesser)

1 Portion Mürbeteig (S. 12)
1 Eiweiß (Verwendung s. S. 10)
400 g Champignons, in Viertel geschnitten
2 EL Olivenöl
100 g eingelegte Tomaten
3 Eier, verquirlt
250 ml Crème fraîche
60 g Parmesan, frisch gerieben
2 Zweige Estragon, klein geschnitten
Butter
Salz, frisch gemahlener Pfeffer

Den Backofen auf 180 °C vorheizen. Den Teig auf der Arbeitsfläche ausrollen, 6 Kreise ausstechen, diese mehrmals mit einer Gabel einstechen und die mit Butter eingefetteten Tortelett-Förmchen damit auskleiden (mit den Gabeleinstichen nach unten). 30 Minuten im Kühlschrank ruhen lassen. Die Tortelетts blindbacken (Seite 10). Eine große Kasserolle erhitzen und die Champignons bei mittlerer Temperatur darin trocken andünsten, die entstehende Flüssigkeit entfernen. Die Champignons mit dem Olivenöl beträufeln, mit Pfeffer und wenig Salz würzen. 5 Minuten bei mittlerer Temperatur unter Rühren sanft anbraten. Mit Estragon bestreuen. Die eingelegten Tomaten abgießen, in Stücke schneiden und mit den Champignons vermischen. Gleichmäßig auf den vorgebackenen Teigböden verteilen. In einer Schüssel die Eier, die Crème fraîche und den Parmesan verrühren, mit Pfeffer würzen und über das Gemüse gießen. 20 Minuten in der Ofenmitte backen. Falls die Quiches zu stark bräunen, mit Alufolie abdecken, die mit Butter bestrichen wurde. Die Quiches heiß, lauwarm oder kalt servieren, mit wildem Rucola, einigen Scheiben hauchdünn aufgeschnittenem San-Daniele-Schinken und ein paar gerösteten Pinienkernen (Abb. S. 58).

Variation: Den Estragon kann man auch durch frische Minze oder Basilikum ersetzen und den Parmesan durch frisch geriebenen Gruyère.

Elegante Quiche „Ma-Tine"

Für 6 Personen
Vorbereitungszeit: 20 Minuten
Backzeit: 50 Minuten
Kühlzeit: 30 Minuten
Backform: 1 Tarte-Form (26 cm Durchmesser)

1 Portion Mürbeteig (S. 12)
1 Eiweiß (Verwendung s. S. 10)
500 g Meeresfrüchte (Miesmuscheln, Garnelen, Krebsfleisch, Jakobsmuscheln, Kammmuscheln, Herzmuscheln ...)
1 Dose Hummer-Bisque (-Cremesuppe) bester Qualität (400 ml)
3 EL Crème fraîche
3 Eier
3 Eigelbe
Butter
Salz, frisch gemahlener Pfeffer

Den Backofen auf 180 °C vorheizen. Den Teig auf der Arbeitsfläche ausrollen, mehrmals mit einer Gabel einstechen, um ein Nudelholz rollen und über der mit Butter eingefetteten Tarte-Form wieder abrollen (mit den Gabeleinstichen nach unten). 30 Minuten im Kühlschrank ruhen lassen. Den Teig blindbacken (Seite 10). Sicherstellen, dass die Meeresfrüchte trocken sind, dann diese gleichmäßig auf dem vorgebackenen Tarte-Boden verteilen. In einer Schüssel die Hummer-Bisque gründlich mit der Crème fraîche, den Eiern und den Eigelben vermischen, mit Salz und Pfeffer würzen und über die Meeresfrüchte gießen. 35 Minuten in der Ofenmitte backen. Einige Minuten in der Form abkühlen lassen, dann herausnehmen (Abb. S. 59)

Anmerkung: Ich mag es lieber, wenn sich nicht zu viele verschiedene Arten von Meeresfrüchten auf einer Quiche tummeln, meine Favoriten sind Krebsfleisch und Jakobsmuscheln. Damit diese Quiche ein kulinarischer Erfolg wird, müssen Bisque und Meeresfrüchte von bester Qualität sein. Bei der Verwendung von tiefgekühlten Meeresfrüchten bitte darauf achten, dass sie sich nicht mit Wasser voll gesogen haben – nur gut abgetropft und abgetrocknet verwenden! Etwas Schnittlauch in der Bisque-Masse gibt einen Extrakick.

Bodenlose Quiches

Für 6 Personen
Vorbereitungszeit: 15 Minuten
Gar- und Backzeit: 35 Minuten
Backform: 6 Tortelett-Förmchen aus Silikon (à 8 cm Durchmesser)

150 g durchwachsener Speck, in Streifen oder Würfeln
100 g Mehl, gesiebt
4 Eier
150 g Crème fraîche
500 ml Milch
100 g Gruyère, gerieben
Butter
Salz, frisch gemahlener Pfeffer

Den Backofen auf 180 °C vorheizen. Die Streifen bzw. Würfel vom durchwachsenen Speck einige Sekunden in einem Topf mit kochendem Wasser blanchieren, abgießen und mit Küchenpapier abtrocknen. In einer kleinen Pfanne bei niedriger Temperatur 5 Minuten schwach anbraten – darauf achten, dass der Speck keine Farbe annimmt. Danach auf Küchenpapier abtropfen lassen. Das Mehl mit den Eiern in eine Schüssel geben und mit dem Handrührer aufschlagen, bis ein homogener Teig entstanden ist. Mit dem Rühren fortfahren, dabei zuerst die Crème fraîche zugeben, anschließend die Milch. Mit Pfeffer und wenig Salz würzen. Den Speck und den geriebenen Käse hinzufügen und gründlich vermischen. Die Masse in die gebutterten Tortelett-Förmchen gießen. 30 Minuten in der Ofenmitte backen. Die Quiches sollen an der Oberfläche schön knusprig sein. Einige Minuten in der Form abkühlen lassen, dann herausnehmen (Abb. S. 61).

Tipp: Hier handelt es sich um eine leichtere Version der traditionellen Quiche lorraine, die sich nach Belieben abwandeln lässt: anstelle von Gruyère frisch geriebenen Parmesan verwenden, den durchwachsenen Speck durch eingelegte Tomaten, Champignons oder Artischockenböden ersetzen … Hier heißt es kreativ sein! Nicht geeignet sind Zutaten, die viel Flüssigkeit enthalten oder eine längere Gardauer benötigen wie beispielsweise Auberginen, Tomaten, Zucchini …

Scharfe Thai-Pie

Für 4 oder 6 Personen
Vorbereitungszeit: 30 Minuten
Gar- und Backzeit: 1 Stunde 35 Minuten
Backform: 1 runde Pastetenform mit hohem Rand (24 cm Durchmesser)

2 Portionen Blätterteig (S. 14)
2 TL getrocknetes Zitronengras
4 Frühlingszwiebeln, in feine Ringe geschnitten (das Weiße und das Hellgrüne)
1 Stück Ingwerwurzel (2 cm)
800 g Rindfleisch (Rumpsteak), in kleine Würfel geschnitten
250 ml Rinderfond
1 kleine rote Chilischote
100 ml Kokosmilch
1 Knoblauchzehe, zerdrückt
1 Ei, verquirlt
Olivenöl
Salz, frisch gemahlener Pfeffer

Den Rinderfond stark erhitzen, darin das getrocknete Zitronengras einweichen. Die Frühlingszwiebeln in 2 Esslöffeln Olivenöl 2 Minuten andünsten.
Die Ingwerwurzel schälen und in feine Stifte schneiden und zu den Zwiebeln geben. Auf hohe Temperatur stellen und das Fleisch 5 Minuten unter Rühren anbraten, dann mit dem heißen Fond angießen und die Chilischote, die Kokosmilch und den Knoblauch hinzufügen. Mit Salz und Pfeffer würzen. Bei geschlossenem Deckel und sehr niedriger Temperatur 45 Minuten köcheln lassen. Wenn die Flüssigkeit eingedickt ist, eine Schöpfkelle davon abnehmen und für die spätere Verwendung aufbewahren. Den Backofen auf 180 °C vorheizen. Eine Portion Blätterteig ausrollen und die mit Butter eingefettete Pastetenform damit auskleiden.
Aus der zweiten Portion Blätterteig einen Kreis ausstechen, der etwas größer ist als die Pastetenform. So lassen sich die beiden Teigkreise problemlos miteinander verbinden und schließen sich am Ende als dichte Teighülle um die Füllung. Die Fleischfüllung gleichmäßig auf dem Blätterteigboden verteilen. Die Teigränder mit etwas Wasser bepinseln, dann den zweiten Teigkreis auf die Füllung legen und an den Außenrändern gut andrücken, damit er sich mit dem Teigboden verbindet. Falls nötig, die Teigränder glatt schneiden. Mithilfe eines Backpinsels die Teigoberfläche mit dem verquirlten Ei bestreichen. Die Pie 40 Minuten im Ofen backen, bis die Teigkruste gut aufgegangen und schön gebräunt ist. Sofort servieren, dazu die aufgewärmte zurückbehaltene Sauce reichen (Abb. S. 63).

HOT

Pie „Ente à l'Orange"

Für 4–6 Personen
Vorbereitungszeit: 30 Minuten
Gar- und Backzeit : 1 Stunde 15 Minuten
Backform: 1 runde Pastetenform mit hohem Rand (24 cm Durchmesser)

2 Portionen Blätterteig (S. 14)
2 Orangen, geschält und in Scheiben (ca. 1 cm dick) geschnitten
60 g Butter
4 EL extrafeiner Zucker
6 mittelgroße Weiße Rübchen, in dünne Scheiben geschnitten
Saft von 3 Orangen
3 EL Sherry-Essig
2 Entenbrustfilets, die Haut entfernt
1/2 Bund Koriandergrün, klein geschnitten
1/2 Bund glatte Petersilie, klein geschnitten
1/2 Bund Kerbel, klein geschnitten
1 Ei, verquirlt
Salz, frisch gemahlener Pfeffer

Den Backofen auf 180 °C vorheizen. Die Orangenscheiben bei mittlerer Temperatur in 15 g Butter und 2 Esslöffeln Zucker auf jeder Seite 3 Minuten karamellisieren. Mit den Rübchen genauso verfahren. Den Orangensaft mit dem Essig 15 Minuten lang sirupartig einkochen lassen, mit Salz und Pfeffer würzen. Die Entenbrust auf jeder Seite 3 Minuten anbraten, dann in kleine Würfel schneiden, mit Salz und Pfeffer würzen und mit den Kräutern vermischen. Die Hälfte des Orangensirups hinzufügen. Die Pastetenform mit Butter einfetten und mit einer Portion Teig auskleiden. Aus der zweiten Portion Blätterteig einen Kreis ausstechen, der etwas größer ist als die Pastetenform. Nun zuerst die Rübchen auf den Teigboden legen, darüber gleichmäßig die Orangen verteilen und darauf das Entenfleisch geben. Den ausgestochenen Teigkreis als Deckel auf die Füllung legen und an den Rändern gut andrücken, damit er sich mit dem Teigboden verbindet. Mit verquirltem Ei bestreichen und 40 Minuten in der Ofenmitte backen. Die zurückbehaltene Hälfte des Orangensirups mit der restlichen Butter erhitzen. Die Pie direkt aus dem Ofen zusammen mit der flüssigen Orangenbutter servieren (Abb. S. 64).

Lamm-Pie mit Auberginen und Tomaten

Für 4–6 Personen
Vorbereitungszeit: 35 Minuten
Gar- und Backzeit : 1 Stunde 10 Minuten
Backform: 1 Tarte-Form (24 cm Durchmesser)

5 Blätter Brikteig
600 g Lammschulter, Fett entfernt und in kleine Würfel geschnitten
1 Zwiebel, gehackt
1 EL extrafeiner Zucker
25 ml Bouillon
25 Minzeblätter, klein geschnitten
2 Knoblauchzehen, zerdrückt
2 EL gemahlener Kreuzkümmel (Cumin)
15 g Butter
3 kleine Auberginen, in Scheiben geschnitten (1 cm dick)
1 Dose geschälte Tomaten (Nettogewicht 240 g), abgegossen und in Scheiben geschnitten
Olivenöl
Salz, frisch gemahlener Pfeffer

Das Lammfleisch 5 Minuten in 2 Esslöffeln Olivenöl anbraten. Die Zwiebel und den Zucker zugeben und weitere 5 Minuten anbraten. Die Bouillon, die Minze, den Knoblauch und den Kreuzkümmel untermischen und bei niedriger Temperatur und geschlossenem Deckel 45 Minuten köcheln lassen. Eine Schöpfkelle von der Sauce abnehmen und für die spätere Verwendung aufbewahren. Den Backofen auf 180 °C vorheizen. Drei Brikteigblätter ausbreiten und daraus drei Kreise von der Größe der Tarte-Form ausstechen. Den ersten Teigkreis mit Butter bepinseln und mit dem zweiten Teigkreis belegen. Mit Backpapier belegen und mit Backgewichten beschweren, dann 10 Minuten im Ofen backen. Den dritten (ungebackenen) Teigkreis beiseite legen. Die Auberginen mit Olivenöl beträufeln und im Ofen auf jeder Seite 5 Minuten garen. Die mit Butter eingefettete Tarte-Form mit einem Blatt Brikteig auslegen, das Teigblatt ebenfalls mit Butter bepinseln, dann mit einem weiteren Teigblatt belegen, dieses ebenfalls mit Butter bepinseln. Die beiden vorgebackenen Teigkreise darauflegen, nun mit der Tarte-Füllung fortfahren: zuerst die Auberginen, dann die Tomaten und zum Schluss das Lammfleisch einschichten. Mit dem beiseite gelegten (ungebackenen) Teigkreis abdecken, danach die Boden-Teigblätter oben umschlagen, sodass die Füllung gut eingeschlossen ist. 15 Minuten im Ofen backen. Mit der zurückbehaltenen erhitzten Sauce servieren (Abb. S. 65).

Kleine Hühnchen-Pies mit eingelegter Zitrone

Für 6 Personen
Vorbereitungszeit: 40 Minuten
Gar- und Backzeit: 1 Stunde 10 Minuten
Backform: 6 Muffin-Förmchen

2 Portionen Blätterteig (S. 14)
1 Prise Safranfäden (oder 1 Dose gemahlenen Safran)
1 Zucchini, in Scheiben geschnitten
4 Kartoffeln (Sorte „Charlotte"), geschält und in Scheiben geschnitten
600 g Hühnchenbrustfilet, in kleine Würfel geschnitten
2 Zwiebeln, in Viertel geschnitten
2 eingelegte Zitronen (marokkanische Spezialität, im Fachhandel erhältlich), in Würfel geschnitten, mit kaltem Wasser abgespült
1 Bund Koriandergrün, klein geschnitten
1 Ei, verquirlt
Saft von 1/2 Zitrone
3 EL süße Sahne
Olivenöl
Salz, frisch gemahlener Pfeffer

Die Safranfäden in 20 cl Wasser einweichen. Die Zucchini (7 Minuten) und die Kartoffeln (15 Minuten) im Dampf garen. Aus dem Blätterteig 6 Kreise zum Auslegen der mit Butter eingefetteten Förmchen ausstechen, danach ebenfalls 6 Deckel in der Größe der Förmchen. Kalt stellen. Den Backofen auf 180 °C vorheizen. Das Hühnchenfleisch in 2 Esslöffeln Olivenöl 10 Minuten anbraten, dann die Zwiebeln und 1 weiteren Esslöffel Olivenöl hinzufügen und nochmals 5 Minuten anbraten. Die Zitronenwürfel, die Hälfte des Safranwassers und drei Viertel des Koriandergrüns zugeben, mit Pfeffer würzen. 10 Minuten bei niedriger Temperatur und geschlossenem Deckel köcheln lassen. Zum Fertigstellen der Pies zuerst die Kartoffelscheiben, dann das Hühnchen und zum Schluss die Zucchinischeiben in die Förmchen schichten. Die Teigränder etwas anfeuchten, die Teigdeckel auflegen und gut andrücken. Die Ränder glatt schneiden und die Pies mit verquirltem Ei bestreichen. 40 Minuten im Ofen backen. Das restliche Safranwasser mit dem Zitronensaft, 2 Esslöffeln Olivenöl, der Sahne und dem übrigen Koriandergrün in eine Kasserolle geben. Mit Salz und Pfeffer würzen und sanft erhitzen. Die Pies mit der Sauce servieren (Abb. S. 67).

Kleine Pies „Allerlei"

Für 6 Personen
Vorbereitungszeit: 50 Minuten
Gar- und Backzeit: 1 Stunde 25 Minuten
Backform: 6 Muffin-Förmchen
(à 8–9 cm Durchmesser)

2 Portionen Blätterteig (S. 14)
6 kleine Schalotten, geschält
1 EL extrafeiner Zucker
150 g kleine junge Möhrchen, in Scheiben geschnitten
150 g frische Erbsen
300 g Champignons, gehackt
1 kleines Bund Thymian
500 ml Crème fraîche
4 Zweige Estragon, klein geschnitten
10 g Butter
1 Ei, verquirlt
Olivenöl
Salz, frisch gemahlener Pfeffer

In einer Kasserolle 4 Schalotten mit Olivenöl und Zucker bedecken und bei sehr niedriger Temperatur 30 Minuten schmoren lassen. Die Möhren 10 Minuten in Salzwasser garen, dann die gepalten Erbsen für weitere 5 Minuten zugeben. Das Gemüse soll noch Biss haben. In eine Schüssel mit kaltem Wasser geben. Die Butter zerlassen und darin die sehr fein gehackten restlichen beiden Schalotten andünsten. Die Champignons und den Thymian hinzufügen und 5 Minuten bei mittlerer Temperatur andünsten. Die Crème fraîche und die Estragonblättchen untermischen und unter gelegentlichem Rühren 15 Minuten einköcheln lassen. Mit Salz und Pfeffer würzen und abschmecken. Vor dem Fertigstellen der Pies das Thymianbündel entfernen. Den Teig ausrollen. Daraus 6 Kreise à 12 cm zum Auslegen der mit Butter eingefetteten Förmchen ausstechen, danach 6 Deckel à 9 cm ausstechen, um die Pies abzudecken. Kalt stellen. Den Backofen auf 180 °C vorheizen. Das Gemüse abgießen und zusammen mit den gehackten Schalotten auf die vorbereiteten Förmchen verteilen, gut hineindrücken, dann mit 1–2 Löffeln Champignonmasse bedecken und in die Mitte eine geschmorte Schalotte drücken. Die Teigränder etwas anfeuchten, die Teigdeckel auflegen und gut andrücken. Die Ränder glatt schneiden und die Pies mit verquirltem Ei bestreichen. Mit einer Messerspitze jeweils in die Mitte der Teigdeckel ein kleines Loch von 1 cm Durchmesser schneiden und einen aus Backpapier geformten Mini-Kamin hineinstecken. 20 Minuten im Ofen backen (untere Einschubleiste). In jeden Mini-Kamin einen Löffel der Champignon-Sahne-Sauce träufeln und weitere 15 Minuten backen. Die heißen Pies mit der restlichen Champignon-Sahne-Sauce servieren (Abb. S. 69).

Anmerkung: Diese Pies können Sie aus allen erdenklichen Resten zubereiten: aus Hühnchen, Schmortopf-Resten, Krustentieren ... – einfach die Erbsen und Möhren ersetzen. Probieren Sie auch anderes Gemüse, das nicht zu viel Flüssigkeit enthält, wie Kartoffeln, Rübchen, grüne Bohnen ... Die Schalotten kann man notfalls auch ersetzen, doch tragen sie wesentlich zum feinen Aroma und der zartschmelzenden Konsistenz bei.

Pizza

Pizzas

Pizza „San Daniele" mit Artischocken und Parmesan

Für 6 Personen
Vorbereitungszeit: 15 Minuten
Gar- und Backzeit: 30 Minuten
Backform: 1 Backblech

1 Portion Pizzateig (S. 16)
3 Zwiebeln, gehackt
3 Salbeiblätter, klein geschnitten
1 Kugel Büffelmilch-Mozzarella
1 Glas in Olivenöl eingelegte Artischockenböden
100 g Parmesan, frisch gerieben
6 sehr dünn aufgeschnittene Scheiben San-Daniele-Schinken
Olivenöl
Salz, frisch gemahlener Pfeffer

Die Zwiebeln 10 Minuten bei geschlossenem Deckel in 1 Esslöffel Olivenöl andünsten. Den Salbei zugeben und weitere 5 Minuten dünsten. Den Backofen auf 220 °C vorheizen. Den Mozzarella in Scheiben schneiden, die Artischockenböden abgießen. Den Pizzaboden zuerst mit den Zwiebeln belegen, dann mit dem Mozzarella. Die Artischockenböden darauf verteilen und mit dem Parmesan bedecken. Mit etwas Olivenöl beträufeln. 15 Minuten im Ofen (untere Einschubleiste) backen. Aus dem Ofen nehmen, mit Pfeffer übermahlen, die Pizza in 6 Stücke schneiden und mit je einer dünnen Scheibe San-Daniele-Schinken garnieren. Sofort servieren (Abb. S. 72).

Pizza Margherita

Für 4–6 Personen
Vorbereitungszeit: 15 Minuten
Backzeit: 20 Minuten
Backform: 1 Backblech

1 Portion Pizzateig (S. 16)
2 große Dosen geschälte Tomaten (Abtropfgewicht 480 g)
4 EL Tomatenmark
2 Kugeln Büffelmilch-Mozzarella
18 Basilikumblätter
60 g Parmesan, frisch gerieben
Olivenöl
Salz, frisch gemahlener Pfeffer

Den Backofen auf 220 °C vorheizen. Die Tomaten abtropfen lassen und grob zerkleinern, dann mit dem Tomatenmark vermischen. Den Mozzarella in feine Streifen schneiden. Den Pizzaboden mit der Hälfte des Parmesans bestreuen und mit den Tomaten belegen – ringsum einen Rand von 2 cm frei lassen. Den Mozzarella darauf verteilen, mit den Basilikumblättern und am Ende mit dem restlichen Parmesan bestreuen. Mit etwas Olivenöl beträufeln und mit Pfeffer übermahlen. 15–20 Minuten im Ofen (untere Einschubleiste) backen, bis der Teig eine appetitlich goldbraune Farbe angenommen hat (Abb. S. 73). Die Tomatenmasse zum Bestreichen des Teigbodens kann durch „Delphines Hausrezept für Tomatensauce" (S. 16) ersetzt werden.

Variationen: Für „Pizza Regina" das Basilikum durch Oregano ersetzen und 200 g in Scheiben geschnittene Champignons hinzufügen. Für „Pizza Napoli" das Basilikum durch Oregano ersetzen, 3 zerdrückte Knoblauchzehen unter die Tomatenmasse mischen, 8 Sardellenfilets hinzufügen und Mozzarella und Parmesan weglassen.

Pizza mit Auberginen, Tomaten und Paprika

Für 4–6 Personen
Vorbereitungszeit: 30 Minuten
Garzeiten: 35 Minuten
Backform: 1 Backblech

1 Portion Pizzateig (S. 16)
200 g Büffelmilch-Mozzarella
1 Aubergine, in dünne Scheiben geschnitten
2 große Dosen geschälte Tomaten (Abtropfgewicht 480 g)
1 Knoblauchzehe
1 rote Paprika, in Streifen geschnitten
1 gelbe oder orange Paprika, in Streifen geschnitten
10 Sardellenfilets (nach Belieben)
10 schwarze Nizza-Oliven
2 EL Kapern (nach Belieben)
3 Zweige Thymian
Olivenöl
Salz, frisch gemahlener Pfeffer

Den Mozzarella mit Küchenpapier trockentupfen und in Scheiben schneiden. Die Tomaten abtropfen lassen, dabei möglichst viel Flüssigkeit herausdrücken und zerkleinern. In einer großen Kasserolle 1 Esslöffel Olivenöl erhitzen und darin den Knoblauch anbraten, bis er Farbe anzunehmen beginnt. Den Knoblauch entfernen, 1 Esslöffel Olivenöl zugeben und die Tomaten 2 Minuten darin andünsten. Überschüssige Flüssigkeit abtropfen lassen. Mit den Auberginenscheiben und Paprikastreifen ebenso verfahren. Die Auberginen benötigen 10 Minuten und die Paprika 5 Minuten.
Den Backofen auf 220 °C vorheizen. Den Pizzaboden mit den Tomaten, dem Mozzarella und den Sardellen bedecken. Mit den Auberginen und den Paprika belegen. Die Oliven und die Kapern darüberstreuen. Den Thymian über der Pizza zwischen den Handflächen zerreiben. Mit wenig Pfeffer übermahlen. 15 Minuten im Ofen (untere Einschubleiste) backen. Aus dem Ofen nehmen und mit etwas Olivenöl oder mit „Delphines pikantem Würzöl" (S. 16) beträufeln (Abb. S. 75).

Variation: Den Thymian durch frischen Oregano oder frisches Basilikum und die Sardellenfilets durch Weißen Thunfisch in Olivenöl ersetzen.

Pizza mit Tomaten, Oliven und Rosmarin

Für 4 Personen
Vorbereitungszeit: 20 Minuten
Backzeit: 15 Minuten
Backform: 1 Backblech

2 Portionen Pizzateig (S. 16)
2 Kugeln Mozzarella
300 g Kirschtomaten, halbiert
2 EL große Kapern
2 Zweige Rosmarin
8 dünne Scheiben Coppa
Olivenöl
Salz, frisch gemahlener Pfeffer

Aus dem Teig 4 Kreise à 18 cm ausstechen. Den Backofen auf 220 °C vorheizen. Den Mozzarella mit Küchenpapier trockentupfen und in dünne Scheiben schneiden. Den Mozzarella, einige Tomatenhälften, die Kapern, den Rosmarin und je zwei Scheiben Coppa gleichmäßig auf den Teigböden verteilen, dabei ringsherum einen Rand von 1 cm frei lassen. Mit etwas Olivenöl beträufeln und mit Pfeffer übermahlen. 15 Minuten im Ofen (untere Einschubleiste) backen, bis der Teig eine appetitlich goldbraune Farbe angenommen hat. Aus dem Ofen nehmen und mit etwas Olivenöl oder mit „Delphines pikantem Würzöl" (S. 16) beträufeln. Heiß servieren, als Beilage empfehle ich einen grünen Salat (Abb. S. 76).

Variation: Probieren Sie dazu auch einmal einen Salat aus wildem Rucola, Olivenöl, Fleur de Sel und viel Pfeffer. Falls Sie Kapern nicht mögen, können Sie sie durch schwarze Nizza-Oliven ersetzen.

Grüne Pizza mit Minze

Für 4 Personen
Vorbereitungszeit: 20 Minuten
Backzeit: 15 Minuten
Backform: 1 Backblech

2 Portionen Pizzateig (S. 16)
1 kleine Dose geschälte Tomaten (240 g Abtropfgewicht)
2 EL Tomatenmark
1 Kugel Büffelmilch-Mozzarella
100 g Ziegenfrischkäse
50 g Parmesan, frisch gerieben
2 feste Zucchini, in dünne Scheiben geschnitten
50 g Pinienkerne
2 Zweige Minze
1 Hand voll Rucola
Olivenöl
Salz, frisch gemahlener Pfeffer

Aus dem Teig 4 Kreise à 18 cm ausstechen. Den Backofen auf 220 °C vorheizen. Die Tomaten abgießen, dabei die Flüssigkeit leicht ausdrücken. Das Fruchtfleisch hacken. Mit dem Tomatenmark vermischen. Den Mozzarella mit Küchenpapier trockentupfen und in dünne Scheiben schneiden. Den Ziegenkäse mit der Hälfte des Parmesans vermischen und kräftig mit Pfeffer würzen. Etwas Tomatenmasse, Ziegenkäse, ein paar Scheiben Mozzarella und einige Scheiben Zucchini gleichmäßig auf den Teigböden verteilen, dabei ringsum einen kleinen Rand frei lassen. Mit den Pinienkernen und dem restlichen Parmesan bestreuen und mit etwas Olivenöl beträufeln. Etwa 15 Minuten im Ofen (untere Einschubleiste) backen, bis der Teig eine appetitlich goldbraune Farbe angenommen hat. Aus dem Ofen nehmen, mit Minzeblättchen und Rucola bestreuen und nach Belieben nochmals mit etwas Olivenöl oder mit „Delphines pikantem Würzöl" (S. 16) beträufeln (Abb. S. 77).

Pizza mit Ziegenkäse und Honig

Für 4 Personen
Vorbereitungszeit: 20 Minuten
Backzeit: 15 Minuten
Backform: 1 Backblech

1 Portion Pizzateig (S. 16)
1 große Dose geschälte Tomaten (Abtropfgewicht 480 g)
2 EL Tomatenmark
1 reifer Ziegenkäse, in Scheiben geschnitten
2 Kugeln Büffelmilch-Mozzarella
2 Zweige Minze
2 EL flüssiger Honig
Olivenöl
Salz, frisch gemahlener Pfeffer

Aus dem ausgerollten Teig ein Rechteck ausschneiden, dieses wiederum in 4 kleine Rechtecke teilen. Den Backofen auf 220 °C vorheizen. Die Tomaten abgießen, leicht ausdrücken und grob hacken, dann mit dem Tomatenmark vermischen. Den Mozzarella mit Küchenpapier trockentupfen und in dünne Scheiben schneiden. Etwas Mozzarella, etwas Tomatenmasse und einige Scheiben Ziegenkäse gleichmäßig auf den Teigböden verteilen, dabei ringsum einen kleinen Rand frei lassen. Mit etwas Olivenöl beträufeln und mit Pfeffer übermahlen. 15 Minuten im Ofen backen. Aus dem Ofen nehmen, mit den Minzeblättchen bestreuen und mit etwas Honig beträufeln. Sofort servieren (Abb. S. 79).

Variation: Nehmen Sie Lavendelhonig, um der Pizza ein mediterranes Aroma zu verleihen, und lassen Sie dafür die Minze weg.

Pissaladière

Für 4–6 Personen
Vorbereitungszeit: 30 Minuten
Garzeiten: 1 Stunde 15 Minuten
Backform: 1 Backblech

1 Portion Pizzateig (S. 16)
1,5 kg Zwiebeln, gehackt
2 Knoblauchzehen, zerdrückt
1 Bouquet garni (Thymian, Lorbeerblatt, Petersilie)
15 Sardellenfilets
15 schwarze Nizza-Oliven, Kerne entfernt
Olivenöl
Salz, frisch gemahlener Pfeffer

In einem Kochtopf die Zwiebeln zusammen mit dem Knoblauch, dem Bouquet garni und 3 Esslöffeln Olivenöl bei geschlossenem Deckel und sehr niedriger Temperatur andünsten. Die Zwiebeln benötigen etwa 1 Stunde, sie sollen gar und glasig sein und keine Farbe angenommen haben. Den Backofen auf 220 °C vorheizen. Das Bouquet garni entfernen, das Zwiebelkompott auf dem Teigboden verteilen, die Sardellenfilets und die Oliven dekorativ darauf anrichten und mit etwas Olivenöl beträufeln. 15 Minuten im Ofen (untere Einschubleiste) backen. Aus dem Ofen nehmen, mit Pfeffer übermahlen und einige Minuten abkühlen lassen. Lauwarm servieren (Abb. S. 80).

Pizza Calzone mit Eifüllung

Für 4 Personen
Vorbereitungszeit: 30 Minuten
Backzeit: 20 Minuten
Backform: 1 Backblech

2 Portionen Pizzateig (S. 16)
2 Kugeln Mozzarella
4 Scheiben gekochter Schinken, in kleine Würfel geschnitten
6 EL Tomatenmark
100 g Ricotta
4 Eigelbe
Olivenöl
Salz, frisch gemahlener Pfeffer

Aus dem Teig 4 Kreise à 18 cm ausstechen. Den Backofen auf 220 °C vorheizen. Den Mozzarella mit Küchenpapier trockentupfen und in große Würfel schneiden. In einer Schüssel den Schinken, den Mozzarella, das Tomatenmark und den Ricotta vermischen. Mit Pfeffer und wenig Salz würzen. Mit der Masse jeweils die eine Hälfte der Teigkreise bedecken, dabei einen Rand von 1 cm frei lassen. Obenauf jeweils ein Eigelb setzen, mithilfe eines Backpinsels die Teigränder mit etwas Wasser befeuchten, die ungefüllte Hälfte des Teigs über die Füllung klappen und die Ränder sorgfältig andrücken. Mit Olivenöl bestreichen und 20 Minuten im Ofen (untere Einschubleiste) backen, bis der Teig eine appetitlich goldbraune Farbe angenommen hat. Heiß servieren (Abb. S. 81).

Variation: Sie können die Pizza Calzone auch ohne Ei zubereiten.

Flammkuchen

Für 4 Personen
Vorbereitungszeit: 15 Minuten
Backzeit: 20 Minuten
Backform: 1 Backblech

1 Portion Pizzateig (S. 16)
200 g Speisequark
200 ml Crème fraîche
2 TL Salz
2 EL Rapsöl
150 g Zwiebeln, gehackt
150 g durchwachsener Speck, in Streifen oder Würfeln
Salz, frisch gemahlener Pfeffer

Den Backofen auf 240 °C vorheizen. Den Speisequark, die Crème fraîche, das Salz und das Rapsöl vermischen. Die Zwiebeln und die Speckstreifen (oder -würfel) zugeben und die Masse gleichmäßig auf dem Teigboden verteilen. 20 Minuten im Ofen (untere Einschubleiste) backen. Aus dem Ofen nehmen und kräftig mit Pfeffer übermahlen (Abb. S. 83).

Mini-Pizzas

Für 6 Personen
Backzeiten: je nach Rezept 10–15 Minuten
Backform: 1 Backblech

1 Portion Pizzateig (S. 16)

Den Backofen auf 200 °C vorheizen. Aus dem Pizzateig 18 Kreise à 6–7 cm ausstechen und auf ein mit Backpapier ausgelegtes Backblech legen. Mehrmals mit einer Gabel einstechen. (Alle Mini-Pizzas sind auf Seite 85 abgebildet.)

Mini-Pizza Feige-Prosciutto

2 Kugeln Mozzarella, in 18 Scheiben geschnitten
6 Feigen, in dünne Scheiben geschnitten
6 dünne Scheiben Prosciutto, in Streifen geschnitten
50 g Parmesan, in große Locken gehobelt
Olivenöl
Frisch gemahlener Pfeffer

Die Mini-Teigböden jeweils mit einer Scheibe Mozzarella belegen. Mit etwas Olivenöl beträufeln und mit Pfeffer übermahlen. 10 Minuten im Ofen backen. Abkühlen lassen, dann mit den Feigen, dem Prosciutto und dem Parmesan belegen.

Hinweis: Es ist kein zusätzliches Salz nötig, da der Prosciutto salzig genug ist.

Mini-Pizza „Libanesisch"

1 Zwiebel, gehackt
50 g Beefsteakhack
50 g Lammhack von der Schulter
15 g Pinienkerne
2 TL Quatre-épices (Vier-Gewürze-Pulver mit Zimt, Nelke, Muskatnuss und Pfeffer)
1 Knoblauchzehe, zerdrückt
1 Naturjoghurt
2 Zweige Minze, klein geschnitten
2 Stängel Koriandergrün, klein geschnitten
Olivenöl
Fleur de Sel (Salzblüte)

Die Zwiebeln in 2 Esslöffeln Olivenöl 5–10 Minuten bei mittlerer Temperatur andünsten, dann beiseite stellen. Die beiden Hackfleischsorten mit Salz und Pfeffer würzen und mit der Hand vermischen. 1 Teelöffel Quatre-épices untermischen und zu einer dicken Frikadelle formen. 1 Esslöffel Olivenöl erhitzen und darin die Frikadelle bei mittlerer Temperatur von jeder Seite 3 Minuten anbraten. In eine Schüssel geben und mit einer Gabel zerdrücken, danach die Pinienkerne und die Zwiebeln zugeben. Die Fleischmasse gleichmäßig auf den Mini-Pizzas verteilen, mit etwas Olivenöl beträufeln, mit wenig Pfeffer übermahlen und im Ofen (untere Einschubleiste) 10 Minuten backen. Für die Sauce den Joghurt, den Knoblauch, die Minze, das Koriandergrün und den übrigen Teelöffel Quatre-épices verrühren. Die Mini-Pizzas aus dem Ofen nehmen, mit Fleur de Sel bestreuen, mit Pfeffer übermahlen und mit der Sauce sofort servieren.

Mini-Pizza „de luxe"

150 g aufgeschnittener Pata-Negra-Schinken
12 Kirschtomaten
1 EL extrafeiner Zucker
Olivenöl
Frisch gemahlener Pfeffer

Die Tomaten in Scheiben schneiden, entkernen und auf Küchenpapier abtropfen lassen. Auf den Teigböden verteilen, mit Olivenöl beträufeln, mit Zucker bestreuen und mit Pfeffer würzen. 10 Minuten im Ofen (untere Einschubleiste) backen. Abkühlen lassen und mit dem Pata-Negra-Schinken belegen.

Anmerkung: Spanischer Pata-Negra-Schinken ist sehr teuer. Eine preisgünstigere Version lässt sich mit San-Daniele-Schinken realisieren.

Mini-Pizza Paprika-Ziegenkäse

2 rote, gelbe oder orange Paprikaschoten
3 Artischockenböden
Saft von 1 Zitrone
1 Rolle Ziegenkäse, in 18 Scheiben geschnitten
Olivenöl
3 Zweige Salbei
Frisch gemahlener Pfeffer

Die Paprikaschoten unter den Grill legen, bis ihre Haut schwarz verbrannt ist. Um das Enthäuten zu erleichtern, in einen Gefrierbeutel geben und darin abkühlen lassen. Den Backofen auf 220 °C einstellen. Von den Paprikaschoten die Haut abziehen, Samen und Scheidewände entfernen und in Streifen schneiden. Je einen Artischockenboden in sechs Stücke schneiden und in Zitronenwasser legen. Die Mini-Pizzas jeweils mit einer Scheibe Ziegenkäse, drei Stückchen Artischocke und einigen Streifchen gegrillter Paprika belegen. Mit etwas Olivenöl beträufeln und mit Pfeffer übermahlen. 15 Minuten im Ofen (untere Einschubleiste) backen. Mit Salbeiblättchen garnieren und zum Aperitif servieren.

Anmerkung: Der Ziegenkäse kann durch in Scheiben geschnittenen Mozzarella ersetzt werden.

Mini-Pizza Roquefort-Rucola

150 g Roquefort
30 g Rucola, gewaschen und trockengeschleudert
Olivenöl
Fleur de Sel (Salzblüte), frisch gemahlener Pfeffer

Den Roquefort in kleine Würfel schneiden und gleichmäßig auf den Teigböden verteilen. 10 Minuten im Ofen (untere Einschubleiste) backen. Währenddessen den Rucola mit Olivenöl beträufeln und mit Pfeffer und etwas Fleur de Sel würzen. Die Pizzas abkühlen lassen und mit dem Rucola garnieren.

Mini-Pizza Chorizo-Koriander

2 Kugeln Mozzarella
150 g Chorizo, in Scheiben geschnitten (0,5 cm dick)
1/2 Bund Koriandergrün
Olivenöl

Den Mozzarella mit Küchenpapier trockentupfen und in 18 Scheiben schneiden. Die Teigböden damit belegen, darauf die Chorizo geben. Im Ofen 10 Minuten (untere Einschubleiste) backen. Etwas abkühlen lassen, mit dem Koriandergrün garnieren und sofort zum Aperitif servieren.

... und dazu
ein frischer Salat!

Kopfsalat mit einfacher Vinaigrette

Für 4–6 Personen
Zubereitungszeit: 5 Minuten

1 schöner Kopfsalat, gewaschen und trockengeschleudert
1 Schalotte, gehackt
2 TL Senf
2 EL Weinessig
5 EL Olivenöl
Fleur de Sel (Salzblüte), frisch gemahlener Pfeffer

Die Salatblätter in mundgerechte Stücke zerteilen und in eine Salatschüssel geben. Die gehackte Schalotte, den Senf, den Essig, das Olivenöl, etwas Salz und Pfeffer in ein dicht schließendes Schraubglas füllen, gut verschließen und kräftig schütteln. Den Salat direkt vor dem Servieren mit dem Dressing beträufeln und gut vermischen.

Tipp: Die Vinaigrette kann man im Voraus zubereiten und im Kühlschrank aufbewahren.

Gemischter Salat mit aromatischem Dressing

Für 4–6 Personen
Zubereitungszeit: 5 Minuten

4 Hand voll Mesclun (junger aromatischer Wildsalat aus Bocksbart, Eichblatt, Endivie, Kerbel, Kresse, Löwenzahn, Portulak, Rucola, Schnittsalat ...), gewaschen und trockengeschleudert
1 Hand voll Rucola, gewaschen und trockengeschleudert
1 EL Ingwersirup
1 EL Sojasauce
1 EL Balsamico
3 EL Olivenöl
Fleur de Sel (Salzblüte), frisch gemahlener Pfeffer

Den Mesclun und den Rucola in eine Salatschüssel geben. Die Vinaigrette in einem Schraubglas zubereiten: dazu den Ingwersirup, die Sojasauce, den Balsamico und das Olivenöl hineingeben, mit Pfeffer und etwas Fleur de Sel bestreuen, gut verschließen und kräftig schütteln. Den Salat direkt vor dem Servieren mit dem Dressing beträufeln und gründlich mischen.

Anmerkung: Ingwersirup finden Sie im Feinkostgeschäft – oder Sie stellen ihn selbst her (S. 130).

Zitroniger Kräutersalat

Für 6 Personen
Zubereitungszeit: 15 Minuten

4 Hand voll Mesclun (s. o.), gewaschen und trockengeschleudert
1/2 Bund Koriandergrün
1/2 Bund Kerbel
3 Zweige Estragon
1/2 Bund Schnittlauch, klein geschnitten
Einige Basilikumblättchen
Saft von 1/2 Zitrone (oder Limette, falls Sojasauce verwendet wird)
3 EL Olivenöl
1 EL Sojasauce (nach Belieben)
Fleur de Sel (Salzblüte), frisch gemahlener Pfeffer

Den Zitronensaft, das Olivenöl und die Sojasauce in einer Salatschüssel verrühren. Den Mesclun zugeben und das Koriandergrün, den Kerbel, die Petersilie und den Estragon grob zerzupfen. Den Schnittlauch und das Basilikum hinzufügen. Mit Fleur de Sel (nur sehr wenig, wenn zusätzlich Sojasauce verwendet wird) und Pfeffer bestreuen. Bis zum Servieren im Kühlschrank aufbewahren und erst direkt vor dem Servieren mischen (Abb. S. 89).

Tipp: Der Salat kann mit verschiedenen weiteren Zutaten aufgepeppt werden: mit feinen Parmesanlocken (mithilfe des Sparschälers gezaubert), mit eingelegten oder getrockneten Tomaten (in kleine Stücke geschnitten), mit Pinienkernen ...

Eichblattsalat mit Balsamico-Dressing

Für 4–6 Personen
Zubereitungszeit: 5 Minuten

2 Eichblattsalate, gewaschen und trockengeschleudert
1/2 Bund Schnittlauch, klein geschnitten
2 EL Balsamico
5 EL Olivenöl
Fleur de Sel (Salzblüte), frisch gemahlener Pfeffer

Die grob mit der Hand zerzupften Salatblätter in eine Salatschüssel geben. Den klein geschnittenen Schnittlauch hinzufügen. Die Vinaigrette in einem Schraubglas zubereiten: dazu den Essig und das Olivenöl hineingeben, mit Fleur de Sel und Pfeffer bestreuen, gut verschließen und kräftig schütteln. Den Salat direkt vor dem Servieren mit dem Dressing beträufeln und gründlich mischen.

Knackiger Eisbergsalat mit Senfvinaigrette

Für 4–6 Personen
Zubereitungszeit: 5 Minuten

2 Eisbergsalate, gewaschen und trockengeschleudert
1/2 Bund glatte Petersilie, klein geschnitten
1 EL Senf „à l'ancienne" (körniger, mittelscharfer Senf)
2 TL Weinessig
4 EL Olivenöl
Fleur de Sel (Salzblüte), frisch gemahlener Pfeffer

Die grob mit der Hand zerzupften Salatblätter in eine Salatschüssel geben. Die klein geschnittene Petersilie hinzufügen. Die Vinaigrette in einem Schraubglas zubereiten: dazu den Senf, den Essig und das Olivenöl hineingeben, mit Fleur de Sel und Pfeffer bestreuen, gut verschließen und kräftig schütteln. Den Salat direkt vor dem Servieren mit dem Dressing beträufeln und gründlich mischen.

Rucola-Tomaten-Salat mit Parmesan, Pinienkernen und Zitronenöl

Für 4–6 Personen
Zubereitungszeit: 5 Minuten

4 Hand voll Rucolasalat, gewaschen und trockengeschleudert
1/2 Bund Koriandergrün, grob zerkleinert
2 Frühlingszwiebeln, in feine Ringe geschnitten (das Weiße und das Hellgrüne)
2 Zweige Kirschtomaten, halbiert
2 EL Pinienkerne
1 Stück Parmesan (50 g)
Saft von 1/2 Zitrone
4 EL Olivenöl
Fleur de Sel (Salzblüte), frisch gemahlener Pfeffer

Den Rucola und das Koriandergrün in eine Salatschüssel geben. Die Frühlingszwiebeln, die Tomaten, die Pinienkerne und den mit dem Sparschäler in feine Locken geschnittenen Parmesan hinzufügen. Mit dem Zitronensaft und dem Olivenöl beträufeln und mit Fleur de Sel und Pfeffer bestreuen.
Vor dem Servieren vermischen (Abb. S. 91).

Tomaten mit Koriander und Arganöl

Für 4 Personen
Zubereitungszeit: 15 Minuten

6 mittelgroße feste Tomaten
1 eingelegte Zitrone (gibt es in arabischen Feinkostläden)
2 EL Arganöl
6 Stängel Koriandergrün, klein geschnitten
Frisch gemahlener Pfeffer

Die Tomaten 10 Sekunden mit kochendem Wasser überbrühen, anschließend in Eiswasser legen, enthäuten, in Viertel schneiden und die Kerne entfernen. In eine Salatschüssel legen. Die eingelegte Zitrone mit kaltem Wasser abspülen, klein schneiden und dabei die Kerne entfernen. Mit den Tomaten vermischen und kalt stellen. Direkt vor dem Servieren mit dem Arganöl beträufeln, mit Pfeffer übermahlen und mit dem Koriandergrün bestreuen. Gründlich mischen und servieren.

Anmerkung: Arganöl ist in gut sortierten Feinkostläden erhältlich.

Feldsalat mit frischen Nüssen

Für 4–6 Personen
Zubereitungszeit: 5 Minuten

150 g Feldsalat
1/2 Bund Basilikum
12 Kerne von jungen frischen Walnüssen
2 EL Sherry-Essig
4 EL Olivenöl
Fleur de Sel (Salzblüte), frisch gemahlener Pfeffer

Den Feldsalat und das Basilikum putzen und mit den grob zerkleinerten Walnusskernen in eine Salatschüssel geben. Die Vinaigrette in einem Schraubglas zubereiten: dazu den Essig und das Olivenöl hineingeben, mit Fleur de Sel und Pfeffer bestreuen, gut verschließen und kräftig schütteln. Den Salat direkt vor dem Servieren mit dem Dressing beträufeln und mischen.

Anmerkung: Die frischen Walnusskerne können durch getrocknete ersetzt werden.

Gurkensalat „süß & frisch"

Für 6 Personen
Zubereitungszeit: 10 Minuten

4 Mini-Gurken, in dünne Scheiben geschnitten
3 EL extrafeiner Zucker
4 EL Branntweinessig
1 Bund Minze, klein geschnitten
Frisch gemahlener Pfeffer

Den Zucker mit dem Essig in eine kleine Schüssel geben und rühren, bis sich der Zucker aufgelöst hat. Die Minze hinzufügen, mit Pfeffer würzen und gründlich vermischen. Die Gurkenscheiben in eine Salatschüssel geben, mit der Essig-Minze-Mischung bedecken, vermischen und bis zum Servieren kalt stellen (Abb. S. 93).

Pikanter Rucolasalat

Für 6 Personen
Zubereitungszeit: 5 Minuten

4 Hand voll wilder Rucola, gewaschen und trockengeschleudert
1 Hand voll Kresse, gewaschen und trockengeschleudert
1/2 Knoblauchzehe, zerdrückt
1/2 TL Piment d'Espelette (gemahlener mittelscharfer Chili, ersatzweise die halbe Menge Cayennepfeffer)
1 EL Balsamico
1 EL Sojasauce
4 EL Olivenöl
Fleur de Sel (Salzblüte), frisch gemahlener Pfeffer

Die Vinaigrette in einem Schraubglas zubereiten: dazu den Knoblauch, den Piment d'Espelette, den Essig, die Sojasauce und das Olivenöl hineingeben, mit Fleur de Sel und Pfeffer bestreuen und verschließen. Direkt vor dem Servieren das Schraubglas kräftig schütteln, die Vinaigrette über den Salat träufeln und gründlich vermischen.

Anmerkung: Dieser Salat ist sehr pikant. Geben Sie daher zuerst wenig Vinaigrette an den Salat und prüfen Sie, ob Sie eine noch kräftigere Würze wünschen.

ET VOILÀ – FRISCHE TELLER
FÜRS DESSERT!

Süße Tartes mit gebackener Füllung

Karamellisierte Schokoladen-Tartes mit Himbeeren

Für 6 Personen
Vorbereitungszeit: 35 Minuten
Backzeit: 50 Minuten
Kühlzeit: 30 Minuten
Backform: 6 Tortelett-Förmchen

1 Portion Sandteig (S. 18)
150 g dunkle Schokolade (mind. 70 % Kakaomasse)
100 g gesalzene Butter
1 Ei, verquirlt
3 Eigelbe
1 EL extrafeiner Zucker
100 g Himbeeren
2 EL brauner Zucker

Den Backofen auf 180 °C vorheizen. Den Teig auf der Arbeitsfläche ausrollen, mehrmals mit einer Gabel einstechen und 6 Kreise ausstechen. Die mit Butter eingefetteten Tortelett-Förmchen mit den Teigkreisen auskleiden (mit den Gabeleinstichen nach unten). 30 Minuten im Kühlschrank ruhen lassen. Den Teig nach der Blindback-Methode vorbacken (S. 10).
Abkühlen lassen. Die Ofentemperatur auf 200 °C erhöhen. Die Schokolade im Wasserbad oder in der Mikrowelle schmelzen, dann leicht abkühlen lassen. Die Butter zerlassen und beiseite stellen. Zuerst das ganze Ei, dann nacheinander die Eigelbe mit einem Holzkochlöffel unter die Schokolade ziehen. Danach den Zucker und die zerlassene Butter untermischen. Die Masse gleichmäßig auf die vorgebackenen Teigböden verteilen, dann die Himbeeren so hineindrücken, dass sie noch etwas aus der Schokoladenmasse herausragen. 10 Minuten im Ofen backen, dann herausnehmen. Den Backofengrill anschalten. Die Toreletts mit braunem Zucker bestreuen und 3–5 Minuten bei geöffneter Ofentür karamellisieren lassen (Abb. S. 99).

Pfirsich-Amaretto-Tarte

Für 6 Personen
Vorbereitungszeit: 50 Minuten
Gar- und Backzeit: 1 Stunde
Kühlzeit: 30 Minuten
Backform: 1 Tarte-Form (26 cm Durchmesser)

1 Portion Mürbeteig (S. 12)
6 weiße Pfirsiche
150 ml Milch
1/2 Vanilleschote, halbiert
20 g extrafeiner Zucker
1 großes Ei
20 g Mehl
35 g Butter
20 ml Amaretto
80 g gemahlene Mandeln
50 g Pinienkerne
3 EL brauner Zucker

Den Backofen auf 180 °C vorheizen. Den Teig dünn ausrollen, mehrmals mit einer Gabel einstechen, um ein Nudelholz rollen und über der mit Butter eingefetteten Tarte-Form wieder abrollen (mit den Gabeleinstichen nach unten). 30 Minuten im Kühlschrank ruhen lassen. Den Teig nach der Blindback-Methode vorbacken (S. 10). Die Crème Patissière (Konditorcreme) zubereiten: Die Milch mit der Vanilleschote aufkochen lassen. Das Ei mit dem Zucker in eine Schüssel geben und weißschaumig aufschlagen. Das Mehl unterziehen, dann die heiße Milch (ohne Vanilleschote) zugießen. In eine Kasserolle umfüllen und bei niedriger Temperatur aufschlagen, bis die Masse eindickt. Vom Herd nehmen und unter ständigem Schlagen 15 g Butter flöckchenweise einarbeiten. Abkühlen lassen, dabei die Oberfläche mit Frischhaltefolie bedecken, damit sich keine Haut bildet. Nach dem Abkühlen den Amaretto und die gemahlenen Mandeln gründlich unterrühren. Die Pfirsiche enthäuten und in Spalten schneiden. Die Amaretto-Creme gleichmäßig auf dem vorgebackenen Teigboden verteilen, darauf die Pfirsichspalten kreisförmig überlappend anordnen. Mit den Pinienkernen und dem braunen Zucker bestreuen, dann die restliche Butter in Flöckchen darauf verteilen. Die Tarte 30 Minuten in der Ofenmitte backen und darauf achten, dass sie keine Farbe annimmt. Vor dem Servieren vollständig abkühlen lassen (Abb. S. 100).

Zarte Feigen-Birnen-Tartes

Für 6 Personen
Vorbereitungszeit: 25 Minuten
Backzeit: 20 Minuten
Kühlzeit: 30 Minuten
Backform: 1 Backblech

1 Portion Blätterteig (S. 14)
2 EL gemahlene Mandeln
4 feste Feigen
2 feste Birnen
Saft von 1 Zitrone
3 EL extrafeiner Zucker
50 g gesalzene Butter

Den Teig sehr dünn ausrollen (Seite 8). Ein großes Rechteck abtrennen, mit den gemahlenen Mandeln bestreuen und diese mit der flachen Hand so in den Teig drücken, dass sie gut anhaften. Die Teigplatte in 6 Rechtecke teilen, auf ein Stück Backpapier legen und 30 Minuten im Kühlschrank ruhen lassen. Den Backofen auf 180 °C vorheizen. Die Birnen waschen, halbieren, das Kerngehäuse entfernen und in sehr dünne Scheiben schneiden. Mit Zitronensaft beträufeln und beiseite stellen. Die Feigen waschen und ebenfalls in feine Scheiben schneiden. Die Teigrechtecke nun abwechselnd mit Feigen- und Birnenscheiben belegen. Die Früchte mit dem Zucker bestreuen und mit Butterflöckchen belegen. 20 Minuten im Ofen (untere Einschubleiste) backen. Die Tartes mit einem Stück mit Butter eingefetteter Alufolie abdecken, damit sie nicht verbrennen (Abb. S. 101).

Ricotta-Tarte mit Erdbeeren

Für 6 Personen
Vorbereitungszeit: 30 Minuten
Backzeit: 55 Minuten
Kühlzeit: 30 Minuten
Backform: 1 Tarte-Form (26 cm Durchmesser)

1 Portion Sandteig (S. 18)
500 g Ricotta
350 g Erdbeeren, entstielt und halbiert
150 g Zucker
1 Ei
2 Eigelbe
Abgeriebene Schale von 1 unbehandelten Orange
1 EL Puderzucker

Den Backofen auf 180 °C vorheizen. Den Teig dünn ausrollen, mehrmals mit einer Gabel einstechen, um ein Nudelholz rollen und über der mit Butter eingefetteten Tarte-Form wieder abrollen (mit den Gabeleinstichen zum Boden der Backform hin). 30 Minuten im Kühlschrank ruhen lassen. Den Teig nach der Blindback-Methode vorbacken (S. 10). Den Ricotta mit dem Handrührer aufschlagen, das Ei und danach die Eigelbe einzeln unterrühren. Unter ständigem Rühren den Zucker und die abgeriebene Orangenschale untermischen. Nun vorsichtig die Erdbeeren unterheben und die Ricottamasse auf dem vorgebackenen Teigboden verteilen. 40 Minuten im Ofen backen, herausnehmen und mit Puderzucker bestäuben. Vor dem Servieren vollständig abkühlen lassen (Abb. S. 103).

Variation: Die Erdbeeren durch Himbeeren und den Ricotta durch Ziegenfrischkäse ersetzen, die Mengen bleiben jeweils gleich.

Die klassische Tarte Tatin

Für 6 Personen
Vorbereitungszeit: 25 Minuten
Backzeit: 35 Minuten
Backform: 1 rechteckige Backform (plus 1 etwas größere Backform zum Beschweren)

1 Portion Blätterteig (S. 14)
100 g weiche Butter
115 g Kristallzucker
4 Äpfel, geschält und in Viertel geschnitten

Den Backofen auf 200 °C vorheizen. Den Teig etwas größer (je 2–3 cm länger und breiter) als die Backform ausrollen, mehrmals mit einer Gabel einstechen und im Kühlschrank ruhen lassen. Die Backform mit drei Vierteln der Buttermenge einfetten, dann mit dem Zucker ausstreuen (1–2 Esslöffel davon zurückbehalten). Die Apfelviertel dicht nebeneinander in die Form setzen, mit dem restlichen Zucker bestreuen und die übrige Butter in Flöckchen darauf verteilen. Die Teigplatte auf die Äpfel legen, dabei die Teigränder so nach innen einschlagen, dass die Äpfel so dicht wie möglich eingeschlossen werden. Mit einem Stück Backpapier abdecken und mit einer etwas größeren Backform oder mit Backgewichten beschweren, damit sich der Teig nicht zu stark wölbt. 25 Minuten im Ofen (untere Einschubleiste) backen. Die leere Backform und das Backpapier entfernen und weitere 10 Minuten backen. Die Tarte auf eine Platte stürzen und lauwarm servieren mit einem Klacks Crème fraîche oder einer Kugel Vanilleeis (Abb. S. 104).

Tipp: Sie können die Tarte komplett im Voraus zubereiten und vor dem Verzehr unter dem Backofengrill erwärmen. In diesem Fall bei der Zubereitung etwas Zucker und Butter zurückbehalten.

Tarte Tatin mit Rotweinbirnen

Für 4 Personen
Vorbereitungszeit: 15 Minuten
Gar- und Backzeit: 1 Stunde 40 Minuten
Backform: 1 flache, antihaftbeschichtete Kastenform oder rechteckige Tarte-Form

1 Portion Mürbeteig (S. 12)
3 feste Birnen
50 g Zucker
1/2 TL Quatre-épices (Vier-Gewürze-Pulver mit Zimt, Nelke, Muskatnuss und Pfeffer)
250 ml Rotwein

Die Birnen schälen, in Achtel schneiden und die Kerngehäuse entfernen. Die Birnenachtel so dicht wie möglich nebeneinander in die Backform setzen, sodass keine Zwischenräume bleiben (da die Birnen beim Backen sehr schrumpfen). Mit dem Zucker und der Würzmischung bestreuen, mit dem Rotwein übergießen und mit einem Stück Alufolie bedecken. Die Backform auf ein Backblech stellen und im Herd bei niedriger Temperatur 1 Stunde erhitzen. Den Backofen auf 200 °C vorheizen. Mithilfe einer kleineren Backform oder eines Teigschabers die Birnen in der Form halten, während der Rotwein in eine Kasserolle gegossen wird. Den Rotwein 10 Minuten sirupartig einkochen lassen und die Birnen damit beträufeln. Den Teig etwas größer (je 2 cm länger und breiter) als die Backform ausrollen und mehrfach mit einer Gabel einstechen. Die Teigplatte auf die Birnen legen, dabei die Teigränder so nach innen einschlagen, dass die Birnen so dicht wie möglich eingeschlossen werden. 30 Minuten im Ofen backen. Auf eine Servierplatte stürzen und sofort servieren (Abb. S. 105).

Tipp: Crème fraîche ist eine köstliche Ergänzung zu dieser Tarte. Die klassische runde Form einer Tarte Tatin erhalten Sie, wenn Sie eine runde Backform mit hohem Rand verwenden. In diesem Fall empfehle ich, die Mengen für die Füllung zu verdoppeln.

Knusper-Tarte „Für alle Tage"

Für 6 Personen
Vorbereitungszeit: 15 Minuten
Backzeit: 20 Minuten
Backform: 1 Backform aus Silikon (22 cm Durchmesser)

125 g Mehl
125 g Zucker
125 g weiche Butter
1 Ei

Den Backofen auf 180 °C vorheizen.
Das Mehl zusammen mit dem Zucker hügelförmig auf die Arbeitsfläche sieben. Die Butter in kleinen Würfeln darauf verteilen und mit den Fingerspitzen einarbeiten. Anschließend das Ei zugeben und die Masse zu einem geschmeidigen Teig kneten. Den Teig wie bei einer Galette in die mit Butter eingefettete Form streichen. 20 Minuten im Ofen backen. Ganz heiß oder leicht abgekühlt servieren. Sehr fein mit Eiscreme oder Sorbet, mit Obstsalat mit Ingwersirup (S. 130) oder mit einer guten hausgemachten Konfitüre (Abb. S. 111).

Heidelbeer-Galette „Rose"

Für 4–6 Personen
Vorbereitungszeit: 30 Minuten
Backzeit: 40 Minuten
Backform: 1 Tarte-Form (25 cm Durchmesser)

400 g Heidelbeeren
100 g weiche Butter sowie Butter für die Form
120 g extrafeiner Zucker
2 TL Vanillezucker
2 Eier, verquirlt
100 g Mehl, gesiebt, vermischt mit 1 TL Backpulver

Die Tarte-Form mit Butter einfetten, den Boden der Form mit Zucker ausstreuen und darauf die Heidelbeeren verteilen. Den Backofen auf 175 °C vorheizen. In einer Schüssel die in kleine Stücke geschnittene Butter mit dem extrafeinen Zucker und dem Vanillezucker mit dem Handrührer cremig aufschlagen. Nach und nach die verquirlten Eier unterrühren. Anschließend das Mehl unterheben. Den Teig über die Früchte füllen, die Oberfläche mithilfe eines Teigschabers glatt streichen. 40 Minuten im Ofen backen. Die Galette sollte locker und saftig sein. Heiß auf eine Servierplatte stürzen (Abb. S. 108).

Zucker-Tarte „Clémence"

Dieses Rezept ist ein Souvenir aus den Ardennen, wo wir uns jeden Morgen auf die köstliche Zucker-Tarte zum Frühstück freuten.

Für 6 Personen
Vorbereitungszeit: 20 Minuten
Backzeit: 15 Minuten
Ruhezeit: 3 Stunden
Backform: 1 Backform aus Silikon
(22 cm Durchmesser)

8 g Frischhefe
125 g Mehl
85 g weiche Butter plus 15 g zur Fertigstellung
1 EL extrafeiner Zucker
1 Prise Salz
100 ml Milch mit Zimmertemperatur
2 Eier
2 EL Kristallzucker

Die frische Hefe in etwas warmem Wasser auflösen und 5 Minuten ruhen lassen. Das Mehl in eine Rührschüssel geben und in die Mitte eine Mulde hineindrücken. Die in Würfel geschnittene Butter, den extrafeinen Zucker, das Salz und die lauwarme Milch in die Mulde geben und mit einem elektrischen Handrührer oder in der Küchenmaschine vermischen, dann die Eier und die aufgelöste Hefe zugeben und weitere 10 Minuten kneten. Den Teig gleichmäßig in die Tarte-Form drücken und an einem warmen Ort 2 Stunden gehen lassen. Danach ein Stück Backpapier darauflegen und andrücken, damit die Luft im Teig entweicht. Eine weitere Stunde gehen lassen (das Backpapier dient lediglich dazu, dass kein Teig an den Händen kleben bleibt). Den Backofen auf 220 °C vorheizen. Wenn der Teig fertig gegangen ist, 15 g Butter in Flöckchen darauf verteilen und mit Kristallzucker bestreuen. 15 Minuten im Ofen backen. Aus dem Ofen und sofort aus der Form nehmenund abkühlen lassen (Abb. S. 109).

Anmerkung: Für diese Tarte kann auch eine Pastetenform oder eine runde Backform mit hohem Rand verwendet werden. Diese großzügig mit Butter einfetten. Bei der Auswahl der Hefe unbedingt frischer Hefe den Vorzug geben.

Tarte Tatin mit Bananen und Schokoladensauce

Für 4 Personen
Vorbereitungszeit: 40 Minuten
Backzeit: 50 Minuten
Kühlzeit: 30 Minuten
Backform: 4 Tortelett-Förmchen
(à 12 cm Durchmesser)

1 Portion Blätterteig (S. 14)
3–4 Bananen
100 g Zucker
75 g Butter
50 g Akazienhonig
50 g Rohrzuckersirup
60 ml Vollmilch
125 g dunkle Schokolade (mind. 70 % Kakaomasse)

Zuerst den Karamell herstellen: dazu den Zucker mit 20 ml Wasser etwas Farbe annehmen lassen, vom Herd nehmen, 10 g Butter zugeben und gründlich unterrühren, um eine cremige Konsistenz zu erhalten. Den Karamell gleichmäßig auf die Backformen verteilen. Den Teig auf der Arbeitsfläche ausrollen und 4 Kreise à 12 cm ausstechen, mehrmals mit einer Gabel einstechen. 30 Minuten im Kühlschrank ruhen lassen. Den Backofen auf 200 °C vorheizen. Die Bananen schälen, in 2 cm dicke Scheiben schneiden und gleichmäßig auf die Tortelett-Förmchen verteilen, dabei ringsum einen Rand von 1 cm frei lassen. Mit dem Blätterteig bedecken, dabei die Ränder gut andrücken. Die Torteletts auf ein Backblech stellen, mit Backpapier abdecken und mit einem anderen Backblech beschweren, damit sich der Teig nicht zu stark wölbt. 20 Minuten im Ofen backen. Das oben aufliegende Backblech und das Backpapier entfernen und weitere 5 Minuten im Ofen backen. Nun die Schokoladensauce zubereiten: Die Butter mit dem Honig, der Milch und dem Rohrzuckersirup erwärmen. Gründlich vermischen, dann die zerkleinerte Schokolade hinzufügen und unterrühren. Die kleinen Tartes auf Teller stürzen und mit Schokoladensauce beträufelt servieren oder die Sauce getrennt dazu reichen (Abb. S. 107).

Hauchzarte Apfel-Tarte „Alex"

Für 4–6 Personen
Vorbereitungszeit: 20 Minuten
Backzeit: 25 Minuten
Backform: 1 Backblech

1 Portion Blätterteig (S. 14)
5 Äpfel (Cox Orange, Goldparmänen …)
Saft von 1 Zitrone
25 g Butter
2 EL brauner Zucker

Den Backofen auf 200 °C vorheizen. Den Teig sehr dünn ausrollen (S. 8), mehrfach mit einer Gabel einstechen und auf ein mit Backpapier ausgelegtes Backblech legen. Die Äpfel schälen, das Kerngehäuse entfernen und in sehr dünne Scheiben schneiden. Mit Zitronensaft beträufeln, damit sie nicht braun werden. Die Scheiben überlappend und möglichst eng direkt auf den Teig legen. Mit ein paar Butterflöckchen belegen, mit braunem Zucker bestreuen und 25 Minuten im Ofen (untere Einschubleiste) backen. Einfach in der Zubereitung – hauchzart, appetitlich gebräunt und zart karamellisiert (Abb. S. 113).

Delphines Nuss-Tarte

Für 6 Personen
Vorbereitungszeit: 20 Minuten
Backzeit: 35 Minuten
Kühlzeit: 30 Minuten
Ruhezeit: 1 Stunde
Backform: 1 Tarte-Form (20 cm Durchmesser)

1 Portion Mürbeteig (S. 12)
200 g gemischte Nüsse und Mandeln
15 g gemahlene Mandeln
150 g flüssiger Lavendelhonig
2 Eier
250 g süße Sahne
250 ml Milch
Butter für die Form

Die Nüsse grob hacken, mit der Milch in einer Kasserolle zum Kochen bringen. Vom Herd nehmen und für 1 Stunde beiseite stellen. Den Backofen auf 180 °C vorheizen. Den Teig dünn ausrollen, mit den gemahlenen Mandeln bestreuen und diese mit der flachen Hand in den Teig drücken. Mehrmals mit einer Gabel einstechen, um ein Nudelholz rollen und über der mit Butter eingefetteten Tarte-Form wieder abrollen (mit den Gabeleinstichen nach unten). 30 Minuten im Kühlschrank ruhen lassen. Den Teig nach der Blindback-Methode vorbacken (S. 10). In einer Schüssel den Honig und die Eier aufschlagen. Die süße Sahne hinzufügen und erneut aufschlagen. Die eingeweichten Nüsse abgießen, auf dem vorgebackenen Teigboden verteilen und mit der Honigmischung übergießen. 20 Minuten in der Ofenmitte backen. Vor dem Servieren vollständig abkühlen lassen (Abb. S. 113).

Nektarinen-Mandel-Tartes

Für 4 Personen
Vorbereitungszeit: 20 Minuten
Backzeit: 10 Minuten
Backform: 1 Backblech

1 Portion Blätterteig (S. 14)
1 EL Amaretto (nach Belieben)
2 Nektarinen
1 Vanilleschote
25 g weiche gesalzene Butter
50 g gemahlene Mandeln
4 EL brauner Zucker

Den Teig dünn rechteckig ausrollen, die Ränder begradigen. Mit dem Amaretto beträufeln, in 4 Teile schneiden und mehrmals mit einer Gabel einstechen. Kühl stellen. Den Backofen auf 180 °C vorheizen. Die ungeschälten Nektarinen in feine Scheiben schneiden. Die Vanilleschote halbieren, das Vanillemark herausschaben und zusammen mit der Butter und den gemahlenen Mandeln in eine Schüssel geben. Alles mit den Fingerspitzen verkneten und gleichmäßig auf die vier Teigplatten streichen. Mit den Nektarinenscheiben belegen, diese mit dem braunen Zucker bestreuen. 10 Minuten im Ofen (untere Einschubleiste) backen. Die Tartes lauwarm oder kalt servieren, mit einem cremigen Mandelmilch- oder Joghurteis, mit etwas Crème fraîche oder ganz pur – sie sind immer köstlich! (Abb. S. 113).

Knusprige Orangen-Schokoladen-Tartes

Für 6 Personen
Vorbereitungszeit: 25 Minuten
Backzeit: 20 Minuten
Kühlzeit: 30 Minuten
Backform: 1 Backblech

2 Portionen Blätterteig (S. 14)
2 kleine Orangen
100 g dunkle Schokolade (mind. 70 % Kakaomasse)
2 EL brauner Zucker

Den Teig sehr dünn ausrollen (S. 8), mehrmals mit einer Gabel einstechen und 6 Kreise à 12 cm ausstechen. 30 Minuten im Kühlschrank ruhen lassen. Den Backofen auf 200 °C vorheizen. Die Orangen schälen und in dünne Scheiben schneiden. Die zerkleinerte Schokolade gleichmäßig auf die Teigkreise verteilen, dabei ringsum einen Rand von 1 cm frei lassen. Mit jeweils drei Orangenscheiben belegen, diese mit braunem Zucker bestreuen. 15 Minuten im Ofen (untere Einschubleiste) backen. Dann unter dem Backofengrill 3–5 Minuten karamellisieren. Die Tartes heiß oder lauwarm servieren (Abb. S. 113).

Mini-Tartes Birne-Mandel

Ergibt 18 Stück
Vorbereitungszeit: 45 Minuten
Backzeit: 15 Minuten
Kühlzeit: 30 Minuten
Backform: 18 runde Mini-Förmchen mit hohem Rand oder 1 Blech für Muffins oder Törtchen (mit hohem Rand) aus Silikon

2 Portionen Sandteig (S. 18)
3 reife Birnen
100 g gemahlene Mandeln
100 g weiche Butter
100 g extrafeiner Zucker plus 1 EL zusätzlich
2 Eier, verquirlt

Den Backofen auf 180 °C vorheizen. Den Teig dünn ausrollen, mehrmals mit einer Gabel einstechen und 18 Kreise à 6 cm ausstechen. Mit den Gabeleinstichen nach unten in die mit Butter eingefetteten Förmchen legen und 30 Minuten im Kühlschrank ruhen lassen. Den Teig nach der Blindback-Methode vorbacken (S. 10). Die Mandelcreme zubereiten, wie auf Seite 132 beschrieben. Die Birnen schälen, in Viertel schneiden, die Kerngehäuse entfernen und anschließend jedes Viertel in zwei oder drei Stücke schneiden, je nach Größe der Birnen und der Förmchen. Die Mandelcreme gleichmäßig auf den vorgebackenen Teigböden verteilen, ein oder zwei Birnenstücke hineindrücken und mit Zucker bestreuen. 15 Minuten im Ofen backen. Vor dem Servieren vollständig abkühlen lassen (Abb. S. 115).

Mini-Tartes „Frangipan"

Ergibt 18 Stück
Vorbereitungszeit: 40 Minuten
Backzeit: 30 Minuten
Kühlzeit: 30 Minuten
Backform: 18 runde Mini-Förmchen mit hohem Rand oder 1 Blech für Muffins oder Törtchen (mit hohem Rand) aus Silikon

2 Portionen Sandteig (S. 18)
60 g ganze geschälte Mandeln
60 g extrafeiner Zucker
60 g weiche Butter
4 Eier, verquirlt
60 g Mehl, gesiebt
60 g Pinienkerne
1 EL Puderzucker

Den Backofen auf 180 °C vorheizen. Den Teig dünn ausrollen, mehrmals mit einer Gabel einstechen und 18 Kreise à 6 cm ausstechen. Mit den Gabeleinstichen nach unten in die mit Butter eingefetteten Förmchen legen und 30 Minuten im Kühlschrank ruhen lassen. Den Teig nach der Blindback-Methode vorbacken (S. 10). Die Mandeln fein mahlen, dann den Zucker und die Butter hinzufügen und zu einer glatten Creme verrühren. Sofort die verquirlten Eier nach und nach untermischen, dann das Mehl. Es sollte eine homogene Masse entstehen. Diese gleichmäßig auf den vorgebackenen Teigböden verteilen und mit Pinienkernen bestreuen. 15 Minuten in der Ofenmitte backen, dann die Temperatur auf 120 °C senken und weitere 15 Minuten backen. Abkühlen lassen und vor dem Servieren mit Puderzucker bestäuben (Abb. S. 115).

Mini-Quark-Tartes

Für 8 Personen
Vorbereitungszeit: 15 Minuten
Backzeit: 25 Minuten
Backform: 1 Blech mit Mini-Förmchen aus Silikon (beliebig geformt) oder 8 kleine Tortelett-Förmchen

250 g Speisequark
2 Eier, verquirlt
50 g extrafeiner Zucker
Abgeriebene Schale von 1 unbehandelten Zitrone
Saft von 1/2 Zitrone
4 Mürbeteig-Kekse
Butter und Mehl für die Förmchen

Den Backofen auf 180 °C vorheizen. Die Tortelett-Förmchen mit Butter einfetten und mit Mehl ausstreuen. Den Speisequark in eine Schüssel geben, nach und nach die Eier unterrühren, dann Zitronenschale und -saft und den Zucker. Die Masse in die Förmchen füllen und in der Ofenmitte 25 Minuten backen. Die Kekse auf hoher Stufe im Mixer zerkleinern. Die Mini-Tartes aus dem Ofen nehmen und abkühlen lassen. Vor dem Servieren mit den Kekskrümeln bestreuen (Abb. S. 115).

Anmerkung: Statt mit Keksen können Sie die Mini-Tartes auch mit frischen Früchten wie Erdbeeren, Himbeeren oder Heidelbeeren belegen. Falls Sie ein Blech mit Mini-Förmchen verwenden, reicht die Menge für zwei Bleche.

Mini-Tartes Orange

Ergibt 18 Stück
Vorbereitungszeit: 40 Minuten
Backzeit: 45 Minuten
Kühlzeit: 30 Minuten
Backform: 18 Mini-Tarte-Förmchen

2 Portionen Sandteig (S. 18)
2 Eigelbe, verquirlt
90 g extrafeiner Zucker
150 ml Crème fraîche
Abgeriebene Schale von 1/2 unbehandelten Limette
150 ml Orangensaft
3 Eiweiße

Den Backofen auf 180 °C vorheizen. Den Teig dünn ausrollen, mehrmals mit einer Gabel einstechen und 18 Kreise à 6 cm ausstechen. Mit den Gabeleinstichen nach unten in die mit Butter eingefetteten Förmchen legen und 30 Minuten im Kühlschrank ruhen lassen. Den Teig nach der Blindback-Methode vorbacken (S. 10). Die Temperatur auf 140 °C senken. Die Eigelbe mit 30 g Zucker weiß-schaumig aufschlagen, dann die Crème fraîche untermischen, den Abrieb der Limette und den Orangensaft zugeben. Ruhen lassen, bis sich der oben abgesetzte Schaum etwas zurückgebildet hat. Die Masse gleichmäßig auf die vorgebackenen Teigböden verteilen und 30 Minuten in der Ofenmitte backen. Mithilfe eines Messers feststellen, ob die Füllung durchgebacken ist: An der vorsichtig in die Füllung gestochenen Klinge sollte nach dem Herausziehen möglichst nichts anhaften. Die 3 Eiweiße steif schlagen, dann den restlichen extrafeinen Zucker unterziehen. Erneut aufschlagen, sodass eine feste Meringue-Masse entsteht. Den Backofengrill aufheizen, die Meringue-Masse auf den Mini-Tartes verteilen und im Ofen 3–5 Minuten übergrillen, bis die Oberfläche zu bräunen beginnt. Lauwarm oder kalt servieren (Abb. S. 115).

Würzige Kaffee-Tartes

Für 6 Personen
Vorbereitungszeit: 35 Minuten
Backzeit: 45 Minuten
Kühlzeit: 30 Minuten
Backform: 6 Tortelett-Förmchen

1 Portion Sandteig (S. 18)
1 EL Kaffeelikör
150 ml starker Mokka oder Espresso
2 Kardamomkapseln
1 Sternanis
4 Eier
4 EL extrafeiner Zucker
2 EL brauner Zucker

Den Backofen auf 180 °C vorheizen. Den Teig auf der Arbeitsfläche ausrollen, mit dem Kaffeelikör beträufeln und mehrmals mit einer Gabel einstechen. 6 Kreise ausstechen. Mit den Gabeleinstichen nach unten in die mit Butter eingefetteten Förmchen legen und 30 Minuten im Kühlschrank ruhen lassen. Den Teig nach der Blindback-Methode vorbacken (S. 10). Den Kaffee zubereiten und die Gewürze darin ziehen lassen (die Kardamomkapseln aufbrechen und nur die schwarzen Samen verwenden). Abkühlen lassen. Die Eier mit dem Zucker weiß-schaumig aufschlagen. Den Kaffee zugießen und vorsichtig untermischen. Die Eimasse gleichmäßig auf den vorgebackenen Teigböden verteilen. 20 Minuten im Ofen backen. Die Tartes mit Alufolie abdecken, falls sie zu stark bräunen. Kurz vor dem Servieren den Backofengrill aufheizen, die Tortelets mit braunem Zucker bestreuen und unter dem Grill bei geöffneter Backofentür und unter aufmerksamer Beobachtung 3 Minuten übergrillen. Einige Minuten abkühlen lassen und … genießen! (Abb. S. 117)

TART

Extrazarte Zitronen-Tarte

Für 6–8 Personen
Vorbereitungszeit: 30 Minuten
Backzeit: 1 Stunde 15 Minuten
Kühlzeit: 30 Minuten
Backform: 1 Tarte-Form (28 cm Durchmesser)

1 Portion Sandteig (S. 18)
1 Eiweiß (Verwendung s. S. 10)
4 Eier
200 g Zucker
250 ml Zitronensaft (aus 5–6 Zitronen)
250 ml Crème double oder Crème fraîche
1 EL Puderzucker

Den Backofen auf 180 °C vorheizen. Den Teig dünn ausrollen, mehrmals mit einer Gabel einstechen, um ein Nudelholz rollen und über der mit Butter eingefetteten Tarte-Form wieder abrollen (mit den Gabeleinstichen nach unten). 30 Minuten im Kühlschrank ruhen lassen. Den Teig nach der Blindback-Methode vorbacken (S. 10). Die Eier mit dem Zucker weiß-schaumig aufschlagen, die Crème double oder Crème fraîche unterziehen und den Zitronensaft zugeben. Ruhen lassen, bis sich der oben abgesetzte Schaum etwas zurückgebildet hat. Die Backofentemperatur auf 140 °C senken. Die Masse auf den vorgebackenen Teigboden geben und 1 Stunde in der Ofenmitte backen. Für die Garprobe vorsichtig ein Messer in die Füllung stechen: An der Klinge sollte nach dem Herausziehen möglichst nichts anhaften. Abkühlen lassen und vor dem Servieren mindestens 1 Stunde kühl stellen. Kurz vor dem Servieren den Backofengrill aufheizen, die Tarte mit dem Puderzucker bestreuen und unter dem Grill einige Minuten bei geöffneter Ofentür karamellisieren lassen. Herausnehmen und sofort servieren – ganz besonders köstlich mit einem Klacks Crème fraîche! (Abb. S. 118)

Limetten-Torteletts

Für 8 Personen
Vorbereitungszeit: 20 Minuten
Backzeit: 20 Minuten
Kühlzeit: 30 Minuten
Backform: 8 Tortelett-Förmchen

1 Portion Sandteig (S. 18)
1 Eiweiß (Verwendung s. S. 10)
Abgeriebene Schale von 1 unbehandelten Limette
4 Eier
200 g extrafeiner Zucker
250 ml Crème fraîche
250 ml Limettensaft (von 6–7 Limetten)
Butter für die Förmchen

Den Backofen auf 180 °C vorheizen. Den Teig dünn ausrollen, mit der abgeriebenen Limettenschale bestreuen und diese mit der flachen Hand in den Teig drücken. 6 Kreise ausstechen und mehrmals mit einer Gabel einstechen. Mit den Gabeleinstichen nach unten in die mit Butter eingefetteten Förmchen legen und 30 Minuten im Kühlschrank ruhen lassen. Den Teig nach der Blindback-Methode vorbacken (S. 10). Die Eier mit dem Zucker weißschaumig aufschlagen. Die Crème fraîche unterziehen und den Limettensaft zugeben. Ruhen lassen, bis sich der oben abgesetzte Schaum etwas zurückgebildet hat. Die Backofentemperatur auf 140 °C senken. Die Masse auf den vorgebackenen Teigboden geben und 20 Minuten in der Ofenmitte backen. Für die Garprobe vorsichtig ein Messer in die Füllung stechen: An der Klinge sollte nach dem Herausziehen möglichst nichts anhaften. Abkühlen lassen und vor dem Servieren mindestens 1 Stunde kühl stellen. Mit einem Klacks Crème fraîche, einer Kugel Eiscreme oder Sorbet servieren (Abb. S. 119).

Zwetschgen-Tarte mit Mandeln

Für 6–8 Personen
Vorbereitungszeit: 30 Minuten
Backzeit: 30 Minuten
Kühlzeit: 30 Minuten
Backform: 1 Tarte-Form (24 cm Durchmesser)

1 Portion Sandteig (S. 18)
1 Eiweiß (Verwendung s. S. 10)
1 kg Zwetschgen
100 g gemahlene Mandeln
100 g weiche Butter
100 g extrafeiner Zucker
2 Eier, verquirlt
2 EL Puderzucker

Den Backofen auf 180 °C vorheizen. Den Teig ausrollen, mehrmals mit einer Gabel einstechen, um ein Nudelholz rollen und über der mit Butter eingefetteten Tarte-Form wieder abrollen (mit den Gabeleinstichen nach unten). 30 Minuten im Kühlschrank ruhen lassen. Den Teig nach der Blindback-Methode vorbacken (S. 10). Die Mandelcreme nach dem Rezept auf Seite 132 herstellen. Die Backofentemperatur auf 175 °C senken. Die Zwetschgen waschen, halbieren, die Kerne entfernen und die Früchte beiseite stellen. Die Mandelcreme gleichmäßig auf dem vorgebackenen Teigboden verteilen, dann die Zwetschgen in die Creme hineindrücken (mit der aufgeschnittenen Seite nach oben, damit die Mandelcreme nicht zu feucht wird). 30 Minuten in der Ofenmitte backen: Die Mandelcreme soll appetitlich gebräunt und schön aufgegangen sein. Lauwarm genießen. Die Tarte vor dem Servieren mit Puderzucker bestäuben (Abb. S. 121).

<u>Anmerkung:</u> Hier können auch tiefgekühlte Früchte verwendet werden. Diese zuerst auftauen, gut abtropfen und, falls nötig, abtrocknen, damit sie beim Backen nicht die Mandelcreme durchweichen.

Schneeweiße Schokoladen-Tarte

Für 6 Personen
Vorbereitungszeit: 20 Minuten
Backzeit: 20 Minuten
Kühlzeit: 30 Minuten
Backform: 1 Tarte-Form (26 cm Durchmesser)

1 Portion Sandteig (S. 18)
300 g weiße Schokolade plus 30 g extra zum Herstellen von Schokoladenlocken
500 ml Crème fraîche
4 Eigelbe
2 EL Puderzucker

Den Backofen auf 180 °C vorheizen. Den Teig ausrollen, mehrmals mit einer Gabel einstechen, um ein Nudelholz rollen und über der mit Butter eingefetteten Tarte-Form wieder abrollen (mit den Gabeleinstichen nach unten). 30 Minuten im Kühlschrank ruhen lassen. Den Teig nach der Blindback-Methode vorbacken (S. 10). Die Backofentemperatur auf 150 °C senken. Die weiße Schokolade zusammen mit der Crème fraîche im Wasserbad schmelzen. Vom Herd nehmen und die Eigelbe einzeln durch schnelles Rühren mit einem Holzkochlöffel untermischen. Die Schokoladenmasse gleichmäßig auf dem vorgebackenen Teigboden verteilen. 20 Minuten im Ofen backen. Vor dem Servieren vollständig abkühlen lassen. Mithilfe eines Sparschälers von der restlichen weißen Schokolade Locken abhobeln und diese bis zur weiteren Verwendung im Kühlschrank aufbewahren. Direkt vor dem Servieren die Tarte mit dem Puderzucker bestäuben und mit den Schokoladenlocken garnieren (Abb. S. 123). Sehr fein schmeckt dazu ein Fruchtsalat mit Ingwersirup (S. 130).

Tipp: Damit diese Tarte ein kulinarisches Highlight wird, ist es unbedingt nötig, Schokolade bester Qualität zu verwenden und keine zu stark gezuckerte Billigware.

Knusprige Ingwer-Ananas-Tarte

Für 8–10 Personen
Vorbereitungszeit: 25 Minuten
Gar- und Backzeit: 50 Minuten
Backform: 1 rechteckige Backform aus Silikon

200 g Zucker
160 g Mehl
120 g weiche Butter
1 Eigelb
1 EL Milch
150 ml süße Sahne
1/2 TL Speisestärke
1 Stück Ingwerwurzel (4 cm lang)
1 Dose Ananas in Sirup (500 g)

Den Backofen auf 170 °C vorheizen. 100 g Zucker mit dem Mehl in die Rührschüssel der Küchenmaschine geben, die Butter in kleinen Würfeln hinzufügen und das Eigelb und die Milch zugeben. Alles zu einer homogenen Masse verrühren. Den Teig gleichmäßig in der Form verteilen (falls keine Silikonform verwendet wird, die Form mit Backpapier auskleiden). Der Teig lässt sich leichter verteilen, wenn ein angefeuchteter Teigschaber verwendet wird. Erst 15 Minuten im Ofen auf der unteren Einschubleiste backen, dann weitere 15 Minuten in der Ofenmitte. Danach die Temperatur auf 140 °C senken. 1 Esslöffel süße Sahne mit der Speisestärke in eine große Kasserolle geben und quellen lassen. Den Ingwer schälen, in Stücke schneiden und mithilfe einer Knoblauchpresse zerdrücken (den Saft auffangen). Die Ananas abgießen, dabei den Sirup auffangen. Die restliche Sahne zur gequollenen Stärke geben und untermischen, anschließend die Eier, den restlichen Zucker, den Ananassirup, den zerdrückten Ingwer und den Ingwersaft hinzufügen. 10 Minuten unter ständigem Rühren im Wasserbad erhitzen, sodass eine cremige Masse entsteht. Diese auf den vorgebackenen knusprigen Teigboden geben und 10 Minuten im Ofen backen. Nach dem Abkühlen mit kleinen Ananasstücken dekorieren (Abb. S. 124).

Birnen-Schokoladen-Tarte

Für 6 Personen
Vorbereitungszeit: 30 Minuten
Backzeit: 45 Minuten
Kühlzeit: 30 Minuten
Backform: 1 rechteckige Backform

1 Portion Blätterteig (S. 14)
200 g dunkle Schokolade (mind. 70 % Kakaomasse)
50 g extrafeiner Zucker
6 EL Crème fraîche
1 Ei
1 Eigelb
1 große Dose Birnen in Sirup (825 g)

Den Backofen auf 200 °C vorheizen. Den Teig ausrollen, mehrmals mit einer Gabel einstechen, um ein Nudelholz rollen und über der mit Butter eingefetteten Tarte-Form wieder abrollen (mit den Gabeleinstichen nach unten). 30 Minuten im Kühlschrank ruhen lassen. Den Teig nach der Blindback-Methode vorbacken (S. 10). Die Backofentemperatur auf 180 °C senken. Die zerkleinerte Schokolade im Wasserbad oder in der Mikrowelle schmelzen. Den Zucker und die Crème fraîche untermischen und abkühlen lassen. Das Ei und das Eigelb mit einer Gabel aufschlagen. Die Hälfte der geschmolzenen Schokolade auf den vorgebackenen Teigboden gießen, dann die Eier unter die andere Hälfte mischen und die Masse als zweite Lage auf dem Teigboden verteilen (die Masse lässt sich besser mit einem leicht angefeuchteten Teigschaber aus Plastik verstreichen). Die Birnen abgießen und zu einem regelmäßigen Muster in die Schokoladenmasse drücken. 20 Minuten in der Ofenmitte backen (Abb. S. 125).

Vanille-Quark-Tarte

Für 8–10 Personen
Vorbereitungszeit: 40 Minuten
Backzeit: 45 Minuten
Kühlzeit: 30 Minuten
Backform: 1 Tarte-Form (26 cm Durchmesser)

1 Portion Sandteig (S. 18)
1 Vanilleschote
500 g Speisequark
40 g Puderzucker
2 Eier, verquirlt
100 ml Milch
6 Eiweiße
1 Prise Salz
100 g Himbeeren (nach Belieben)

Den Backofen auf 180 °C vorheizen. Den Teig ausrollen, mehrmals mit einer Gabel einstechen, um ein Nudelholz rollen und über der mit Butter eingefetteten Tarte-Form wieder abrollen (mit den Gabeleinstichen nach unten). 30 Minuten im Kühlschrank ruhen lassen. Den Teig nach der Blindback-Methode vorbacken (S. 10). Die Vanilleschote halbieren und das Mark mit einem spitzen Messer herausschaben. Den Speisequark in eine Schüssel geben, das Vanillemark, den Puderzucker, die 2 verquirlten Eier und die Milch unterrühren. Die Eiweiße mit der Prise Salz steif schlagen, dann vorsichtig unter die Quarkmasse heben. Die Masse gleichmäßig auf dem vorgebackenen Teigboden verteilen und 45 Minuten im Ofen backen. Mithilfe eines Messers feststellen, ob die Füllung durchgebacken ist: An der vorsichtig in die Füllung gestochenen Klinge sollte nach dem Herausziehen möglichst nichts anhaften. Die Tarte nach dem Abkühlen mit den Himbeeren belegen und lieben Freunden oder seinen Kindern servieren – alle werden sie lieben! (Abb. S. 127)

Tipp: Die Tarte schmeckt auch ganz hervorragend ohne Belag oder auch mit Walderdbeeren, Brombeeren oder Johannisbeeren. Falls Letztere verwendet werden, wäre es kein Fehler, die Früchte nach dem Belegen mit etwas Puderzucker zu bestäuben, vor allem wenn Kinder mitessen.

FOUR

Süße Tartes – schnell gezaubert!

Ingwersirup

Vorbereitungszeit: 5 Minuten
Garzeit: 5 Minuten

250 g extrafeiner Zucker
250 ml Wasser
2 EL frisch geriebene Ingwerwurzel

Alle Zutaten in eine Kasserolle geben, zum Kochen bringen und 5 Minuten leise köcheln lassen. Den Sirup durch ein Sieb abgießen und abkühlen lassen. Nun kann er nach Belieben zum Aromatisieren von Früchten wie Erdbeeren, Äpfeln, Birnen, Himbeeren, Melonen etc. verwendet werden.

Tipp: Dieser Sirup macht sich auch ganz hervorragend in einer Vinaigrette („Gemischter Salat mit aromatischem Dressing", S. 88). Den Sirup in einer gut schließenden Flasche im Kühlschrank aufbewahren.

Karamellsauce mit gesalzener Butter

Vorbereitungszeit: 5 Minuten
Garzeit: 20 Minuten

75 g weiche gesalzene Butter
6 EL brauner Zucker
200 ml ungesüßte Kondensmilch

Die Butter in einer Kasserolle bei niedriger Temperatur zerlassen. Den Zucker zugeben und verrühren, bis sich beides verbunden hat. Vom Herd nehmen und die Kondensmilch zugeben. Zurück auf den Herd stellen und unter ständigem Rühren den Zucker in der Milch schmelzen lassen. Die Milch einkochen lassen, sodass eine Sauce von dickflüssiger Konsistenz entsteht.

Tipp: Um feststellen zu können, ob die richtige Konsistenz erreicht ist, einige Tropfen Karamellsauce auf einen Teller geben: Die Tropfen sollen ihre Form behalten und sofort auf dem Teller erstarren. Probieren Sie, die Sauce schmeckt wirklich fein!

Himbeer-Coulis

Vorbereitungszeit: 10 Minuten

500 g Himbeeren
150 g extrafeiner Zucker
Saft von 1/2 Zitrone

Die Himbeeren, den Zucker und den Zitronensaft in einen Mixer geben und kurz pürieren. Falls nötig, weiteren Zucker hinzufügen und erneut pürieren. Das Himbeerpüree durch ein feines Sieb passieren und im Kühlschrank aufbewahren.

Tipp: Diese Coulis können Sie zu einer dunklen Schokoladentarte servieren oder damit den Teigboden einer Erdbeer-, Himbeer- oder Apfel-Tarte bestreichen.

Crème Chantilly

Vorbereitungszeit: 10 Minuten

500 ml süße Sahne
100 g Puderzucker
1 Päckchen Vanillezucker

Die süße Sahne in ein hohes Gefäß geben und mit dem elektrischen Handrührer steif schlagen, dazu kreisende Bewegungen ausführen, damit möglichst viel Luft unter die Sahne gerührt werden kann. Den Puderzucker und den Vanillezucker nach und nach unterrühren. Weiterschlagen, bis die Sahne so fest ist, dass sie sich formen lässt und beim Umdrehen des Gefäßes darin haften bleibt. Kalt stellen und gut gekühlt zu Beeren-, Apfel- oder Schokotartes servieren.

Lemon Curd

Vorbereitungszeit: 5 Minuten
Garzeit: 10 Minuten

100 g Butter
4 unbehandelte Zitronen
300 g extrafeiner Zucker
4 Eiweiße

Von den Zitronen die Schale fein abreiben und anschließend den Saft auspressen. Die Butter zerlassen und abkühlen lassen. Die Butter, den Schalenabrieb, den Saft und den Zucker in eine Schüssel geben und vermischen. Die Eiweiße steif schlagen und nach und nach unter die Butter-Zitronen-Masse heben. In eine Kasserolle umfüllen und unter ständigem Rühren im Wasserbad erhitzen, bis die Masse eindickt. In Gläser füllen, gut ver-schließen und im Kühlschrank aufbewahren, wo das Lemon Curd sich mindestens vier Wochen hält.

Flüssiger Karamell

Garzeit: 15 Minuten

125 g extrafeiner Zucker
Saft von 1 Zitrone
10 ml Wasser

In einem Topf den Zucker mit dem Wasser verrühren und bei mittlerer Temperatur erhitzen. Den Topf schwenken, damit sich die Hitze gleichmäßig verteilt. Nicht mehr rühren, der Karamell färbt sich nun ganz langsam. Wenn er hellbraun ist und die Temperatur 150 – 160 °C erreicht hat, den Zitronensaft angießen und zum Vermischen den Topf schwenken. So bleibt der Karamell flüssig. Wenn eine homogene Flüssigkeit entstanden ist, diese zum Servieren in eine Schale füllen. Der Karamell lässt sich in einem dicht schließenden Gefäß im Kühlschrank einen Monat aufbewahren.

SAUCEN, FÜLLUNGEN & CO 1/2

KARAMELLSAUCE

FLÜSSIGER KARAMELL

HIMBEER-COULIS

CRÈME CHANTILLY

INGWERSIRUP

LEMON CURD

Rosensirup

Garzeit: 15 Minuten

250 g extrafeiner Zucker
125 ml Wasser
1 TL Zitronensaft
1 EL Rosenwasser

Den Zucker mit dem Zitronensaft und dem Wasser in eine Kasserolle geben und unter ständigem Rühren aufkochen lassen. Wenn der Zucker halb aufgelöst ist, die Temperatur senken, nicht mehr rühren und zu einem Sirup einköcheln lassen. Wenn der Sirup nicht mehr köchelt, das Rosenwasser zugeben, durch Schwenken der Kasserolle alles vermischen und in ein entsprechendes Gefäß umfüllen.

Tipp: Eine ansprechend rosa Färbung erhält der Sirup durch einen Tropfen rote Lebensmittelfarbe.

Schokoladen-Coulis

Vorbereitungszeit: 5 Minuten
Garzeit: 5 Minuten

120 g sehr dunkle Schokolade bester Qualität (z. B. Valrhona), zerkleinert
60 ml Milch
60 g extrafeiner Zucker
25 g Butter

Die Schokolade in der Milch bei niedriger Temperatur schmelzen. Den Zucker hinzufügen und 2 Minuten leise köcheln lassen. Heiß oder kalt servieren. Im Kühlschrank aufbewahren.

Schokoladige Crème anglaise

Vorbereitungszeit: 5 Minuten
Garzeit: 20 Minuten

200 g dunkle Schokolade
500 ml Milch
100 g Kristallzucker
3 Eier

Die Schokolade im Wasserbad oder in der Mikrowelle schmelzen. Mit den Eiern, dem Zucker und der Milch in der Küchenmaschine oder mit dem Handrührer zu einer homogenen Masse verarbeiten. Die Schokomasse in eine Kasserolle umfüllen und bei niedriger Temperatur so lange rühren, bis der oben abgesetzte Schaum verschwunden ist. Die Crème anglaise besitzt die richtige Konsistenz, wenn die Sauce einen hineingetauchten Holzkochlöffel dickflüssig überzieht. Abkühlen lassen und kalt stellen.

Mandelcreme

Vorbereitungszeit: 15 Minuten

100 g gemahlene Mandeln
100 g weiche Butter
100 g extrafeiner Zucker
2 Eier, verquirlt

In der Küchenmaschine die Mandeln mit der nach und nach hinzugefügten Butter verrühren. Dann den Zucker und in kleinen Portionen die verquirlten Eier unterrühren. Bis zur weiteren Verwendung im Kühlschrank aufbewahren.

Crème Patissière (Konditorcreme)

Vorbereitungszeit: 5 Minuten
Garzeit: 15 Minuten

300 ml Milch
1 Vanilleschote, halbiert
2 Eigelbe, verquirlt
50 g extrafeiner Zucker
20 g Mehl

Die Milch mit der halbierten Vanilleschote in eine Kasserolle geben und erwärmen. Die Vanilleschote entfernen. Die Eigelbe mit dem Zucker in einer Rührschüssel aufschlagen, bis die Masse sehr hell wird. Das Mehl untermischen, die Milch angießen und gründlich verrühren. In eine Kasserolle umfüllen, diese in ein Wasserbad setzen und unter ständigem Schlagen der Eiermasse das Wasser zum Kochen bringen. Die Creme ist fertig, wenn sie eine dickflüssige Konsistenz erreicht hat. Zum Aufbewahren mit Frischhaltefolie abdecken (so bildet sich keine Haut) und kalt stellen.

Fruchtiger Tarte-Guss

Vorbereitunqszeit: 5 Minuten
Garzeit: 15 Minuten

6 TL Konfitüre oder Gelee (Aprikose, Erdbeer, Himbeer ...)
2 EL Wasser

Die Konfitüre oder das Gelee mit dem Wasser in eine kleine Kasserolle geben und erwärmen. Hat die Masse eine sirupartige Konsistenz angenommen, durch ein feines Sieb streichen und als Tarte-Guss verwenden.

Tipp: Diesen Guss verwende ich zum Bestreichen von Früchten, die nicht aromatisch genug sind.

SAUCEN, FÜLLUNGEN & CO 2/2

SCHOKOLADIGE CRÈME ANGLAISE

ROSENSIRUP

SCHOKOLADEN-COULIS

FRUCHTIGER TARTE-GUSS

MANDELCREME

CRÈME PATISSIÈRE (KONDITORCREME)

Maronen-Schokoladen-Tarte

Für 6–8 Personen
Vorbereitungszeit: 30 Minuten
Backzeit: 30 Minuten
Kühlzeit: 30 Minuten plus 4 Stunden
Backform: 1 Tarte-Form (22 cm Durchmesser)

1 Portion Sandteig (S. 18)
75 g dunkle Schokolade (mind. 70 % Kakaomasse)
60 g weiche Butter
250 g Maronenpüree, ungesüßt
1/2 Päckchen Vanillezucker
50 g Puderzucker
Glasierte Maronen, zerkleinert (nach Belieben)

Den Backofen auf 180 °C vorheizen. Den Teig ausrollen, mehrmals mit einer Gabel einstechen, um ein Nudelholz rollen und über der mit Butter eingefetteten Tarte-Form wieder abrollen (mit den Gabeleinstichen nach unten). 30 Minuten im Kühlschrank ruhen lassen. Den Teig blindbacken (S. 10). Die Schokolade mit der Butter in der Mikrowelle oder im Wasserbad schmelzen. Das Maronenpüree mit einer Gabel auflockern und mit dem Vanillezucker vermischen. Die geschmolzene Schokolade vom Herd nehmen, dann zuerst den Puderzucker unterrühren und danach das Maronenpüree, sodass eine homogene Masse entsteht. Die glasierten Maronenstückchen vorsichtig unterziehen. Die Masse mithilfe eines Teigschabers gleichmäßig auf dem gebackenen Teigboden verteilen. Vor dem Servieren mindestens 4 Stunden kühl stellen … ein Traum, der auf der Zunge zergeht (Abb. S. 135).

Tipp: Ich empfehle Ihnen, diese Tarte schon am Vortag oder am Morgen zuzubereiten, wenn Sie sie abends genießen möchten.

Brioche-Tartes mit Pfirsichen

Für 6 Personen
Vorbereitungszeit: 10 Minuten
Garzeit: 5 Minuten

6 Scheiben Brioche (ersatzweise Milchbrötchen)
3 EL Honig
3 Pfirsiche in Sirup (oder 1 Dose von 410 g)
3 Amaretti (italienische Mandellikör-Kekse)

Aus den Brioche-Scheiben je ein rundes Plätzchen ausstechen. In einer Pfanne 1 Esslöffel Honig erwärmen und zwei Brioche-Plätzchen 1 Minute bei hoher Temperatur auf nur einer Seite anbraten. Mit den restlichen vier Plätzchen (immer zwei auf einmal) und dem restlichen Honig genauso verfahren. 15 Minuten abkühlen lassen. Währenddessen die Pfirsiche abgießen und in dünne Scheiben schneiden. Die Amaretti im Mixer grob zerkleinern. Nun die Tartes fertig stellen: Jedes Brioche-Plätzchen (mit der angebratenen Seite nach oben) mit Pfirsichscheibchen belegen und mit Amaretti-Bröseln bestreuen (Abb. S. 137).

Tipp: Die Tartes schmecken noch besser, wenn Sie geschälte frische Pfirsiche verwenden.

Cremige Schokoladen-Tartes

Für 6 Personen
Vorbereitungszeit: 20 Minuten
Gar- und Backzeit: 30 Minuten
Kühlzeit: 30 Minuten
Backform: 6 Tortelett-Förmchen
(à 8 cm Durchmesser)

1 Portion Sandteig (S. 18)
125 g dunkle Schokolade (mind. 70 % Kakaomasse)
250 ml Crème fraîche

Den Backofen auf 180 °C vorheizen. Den Teig auf der Arbeitsfläche ausrollen, 6 Kreise à 10 cm ausstechen und mehrmals mit einer Gabel einstechen. Mit den Gabeleinstichen nach unten in die mit Butter eingefetteten Förmchen legen und 30 Minuten im Kühlschrank ruhen lassen. Den Teig blindbacken (S. 10). Die Schokolade im Wasserbad oder in der Mikrowelle schmelzen. Die Crème fraîche erwärmen, aber nicht kochen lassen. Wenn sie heiß ist, in kleinen Portionen zur Schokolade geben und gründlich vermischen. Gleichmäßig auf dem gebackenen Teigboden verteilen und sofort servieren! (Abb. S. 137)

Anmerkung: Schokoladenfans fanden diese Tarte „megalecker" – man muss dafür aber unbedingt eine Schokolade bester Qualität verwenden.

Knusper-Tartes mit Gewürzbirnen

Für 6 Personen
Vorbereitungszeit: 40 Minuten
Gar- und Backzeit: 35 Minuten
Kühlzeit: 30 Minuten
Backform: 1 Backblech

1 Portion Blätterteig (S. 14)
1 Vanilleschote
100 g Zucker
3 Sternanis
3 Williamsbirnen
Saft von 1 Zitrone
45 g Butter
1 EL Puderzucker

Den Backofen auf 200 °C vorheizen. Den Teig dünn ausrollen, mehrmals mit einer Gabel einstechen und 6 Rechtecke ausschneiden, die etwa die Länge der Birnen haben. 30 Minuten im Kühlschrank ruhen lassen. Die Tarte-Böden blindbacken (S. 10). Die Vanilleschote halbieren, mithilfe eines spitzen Messers das Mark herausschaben und beiseite stellen. 300 ml Wasser mit dem Zucker in eine Kasserolle geben und zum Kochen bringen. Den Sternanis und das Vanillemark hinzufügen. Bei niedriger Temperatur 15 Minuten ziehen lassen, dann den Sternanis entfernen und den aromatisierten Zuckersirup beiseite stellen. Die Birnen schälen, in Viertel schneiden, die Kerngehäuse entfernen und mit Zitronensaft beträufeln. Die Butter in einer Kasserolle zerlassen und darin die Birnen 10 Minuten andünsten. Den Würzsirup zugießen und etwa 10 Minuten bei mittlerer Temperatur einköcheln lassen, bis der Sirup eingedickt und karamellisiert ist. Die gebackenen Teigböden mit je zwei Birnenvierteln belegen, mit Sirup beträufeln und mit Puderzucker bestäuben (Abb. S. 137).

Torteletts für die Kleinen

Für 4 Personen
Vorbereitungszeit: 10 Minuten
Garzeit: 20 Minuten
Kühlzeit: 30 Minuten
Backform: 4 Tortelett-Förmchen (à 8 cm Durchmesser)

1 Portion Sandteig (S. 18)
1 Glas Nutella
Smarties, Zuckerguss-Figuren, Deko-Süßigkeiten

Den Backofen auf 180 °C vorheizen. Den Teig dünn ausrollen, 4 Kreise ausstechen und mehrmals mit einer Gabel einstechen. Mit den Gabeleinstichen nach unten in die mit Butter eingefetteten Förmchen legen und 30 Minuten im Kühlschrank ruhen lassen. Den Teig blindbacken (S. 10), vor dem Füllen mit Nutella vollständig abkühlen lassen. Für jede Mini-Tarte 2 Esslöffel Nutella rechnen (Abb. S. 137).

Tipp: Lassen Sie Ihrer Fantasie beim Dekorieren freien Lauf – Kinder lieben alle Arten von süßen, bunten Dekorationen. Mit selbst angefertigten Schablonen und etwas Puderzucker kann man die schönsten Tarte-Dekorationen zaubern ... Und – ganz wichtig! – lassen Sie Ihre Kinder mitmachen!

Honigkuchen-Plätzchen mit Banane

Für 6 Personen
Vorbereitungszeit: 10 Minuten
Garzeit: 3 Minuten
Ruhezeit: 15 Minuten

18 Honigkuchen oder Lebkuchen
2 Bananen
3 EL Honig
15 g gesalzene Butter

Aus jedem Honigkuchen oder Lebkuchen 1 rundes Plätzchen ausstechen. 1 Esslöffel Honig in einer großen Pfanne erwärmen und 6 Honigkuchen-Plätzchen 1 Minute bei hoher Temperatur auf nur einer Seite anbraten. Mit den restlichen 12 Plätzchen und dem restlichen Honig genauso verfahren. 15 Minuten abkühlen lassen. Wenn die Plätzchen an der Oberfläche etwas ausgehärtet sind, mit Butter bestreichen und mit Bananenscheibchen belegen. Sofort servieren. Die Kombination von knusprigem Honigkuchen und weicher Banane ist köstlich! (Abb. S. 139)

Rosen-Tarte mit Himbeeren

Für 4–6 Personen
Vorbereitungszeit: 1 Stunde
Gar- und Backzeit: 40 Minuten
Ruhezeit (für die Blütenblätter): 5 Stunden
Backform: 1 Backblech und 1 Backform (26 cm Durchmesser)

1 Portion Sandteig (S. 18)
1 Eiweiß (Verwendung s. S. 10)
75 g Zucker
25 Rosenblätter
20 Tropfen Rosenwasser
250 ml Milch
2 Eier
30 g Mehl
400 g Himbeeren
100 g gut gekühlte süße Sahne
1 EL Puderzucker

Die Rosenblätter am Vortag vorbereiten: dazu das Eiweiß in ein Gefäß und 25 g Zucker in ein anderes Gefäß geben. Die Rosenblätter einzeln erst durch das Eiweiß, dann durch den Zucker ziehen, auf einen Gitterrost legen und an einem trockenen und warmen Ort mindestens 5 Stunden trocknen lassen. Den Backofen auf 180 °C vorheizen. Den Teig dünn auf einem mit Backpapier ausgelegten Backblech ausrollen und mit der Hälfte des Rosenwassers beträufeln. Den Teig blindbacken (S. 10) und auf einem Gitterrost abkühlen lassen. Für die Füllung eine Crème Patissière bereiten: die Milch aufkochen. Die Eier mit 50 g Zucker aufschlagen, bis die Masse aufhellt. Das Mehl unterrühren, dann die kochende Milch angießen. Alles zurück in die Kasserolle geben und 4–5 Minuten bei niedriger Temperatur weiterschlagen. Abkühlen lassen und kühl stellen. Direkt auf die Oberfläche ein Stück Frischhaltefolie legen, damit sich keine Haut bildet. Die süße Sahne steif schlagen und unter die Crème Patissière heben. Gleichmäßig auf dem gebackenen Teigboden verteilen, mit den Himbeeren belegen, mit Puderzucker bestäuben und mit den Rosenblättern dekorieren. Diese Dessert-Tarte ist besonders beim weiblichen Geschlecht beliebt und ist eine schöne Geschenkidee, beispielsweise zum Geburtstag einer lieben Freundin (Abb. S 140).

<u>Tipp:</u> Um den rosa Traum perfekt zu machen, nehmen Sie einfach rote Lebensmittelfarbe und färben Sie mit ein paar Tropfen davon die Crème Patissière, nachdem Sie die Schlagsahne untergehoben haben. Wie Sie einen Rosenduft-Sandteig zaubern, erfahren Sie auf Seite 18.

Meringue-Tarte

Für 4 Personen
Vorbereitungszeit: 30 Minuten
Backzeit: 1 Stunde
Ruhezeit: 3 Stunden
Backform: 1 runde Silikon-Backform mit hohem Rand (26 cm Durchmesser)

3 Eiweiße
1 Prise Salz
200 g extrafeiner Zucker
50 g Kristallzucker
1 EL Speisestärke
1 TL Zitronensaft
250 ml gut gekühlte süße Sahne
1 EL Puderzucker
300 g Erdbeeren, geputzt (oder Himbeeren oder gemischte Waldbeeren)

Den Backofen auf 100 °C vorheizen. Die Eiweiße mit einer Prise Salz sehr steif schlagen, dabei den extrafeinen Zucker nach und nach einrieseln lassen. Den Kristallzucker mit der Stärke und dem Zitronensaft in eine Schüssel geben und vermischen. Den Handrührer auf niedrigste Stufe schalten und die Stärkemischung unter den Eischnee ziehen. Die Masse in die Silikonform füllen und mithilfe eines Teigschabers so verstreichen, dass ein dicker Rand entsteht. 1 Stunde im Ofen backen, dann den Ofen ausschalten und bei geöffneter Tür mindestens 3 Stunden abkühlen lassen. Die süße Sahne mit dem Puderzucker sehr steif schlagen. Die Schlagsahne auf dem gebackenen Meringue-Boden verteilen und mit den Erdbeeren garnieren (Abb. S. 141).

Feine Brombeer-Tarte

Für 6 Personen
Vorbereitungszeit: 25 Minuten
Gar- und Backzeit: 1 Stunde
Ruhezeit: 3 Stunden
Backform: 1 Tarte-Form (24 cm Durchmesser)

1 Portion Mürbeteig (S. 12)
600 g Brombeeren
50 g Zucker
1 Bund Bohnenkraut
200 ml gut gekühlte süße Sahne
1 EL Puderzucker

Den Backofen auf 180 °C vorheizen. Den Teig dünn ausrollen, mehrmals mit einer Gabel einstechen, um ein Nudelholz rollen und über der mit Butter eingefetteten Tarte-Form wieder abrollen (mit den Gabeleinstichen nach unten). 30 Minuten im Kühlschrank ruhen lassen. Den Teig blindbacken (S. 10). 300 g Brombeeren mit 30 g Zucker und den Bohnenkrautblättchen in eine heiße Pfanne geben. Wenn nötig, etwas Wasser angießen und 5 Minuten bei mittlerer Temperatur köcheln lassen, dabei gelegentlich vorsichtig umrühren, damit die Brombeeren nicht zerdrückt werden. Abkühlen lassen. Die Sahne und den restlichen Zucker in eine Rührschüssel geben und sehr steif schlagen. Die Schlagsahne gleichmäßig auf den gebackenen Teigboden streichen und abwechselnd die gekochten und die rohen Brombeeren darauf verteilen. Mit Puderzucker bestäuben (Abb. S. 143).

Tarte à la Crème

Für 4–6 Personen
Vorbereitungszeit: 30 Minuten
Gar- und Backzeit: 45 Minuten
Kühlzeit: 30 Minuten
Backform: 1 Tarte-Form (22 cm Durchmesser)

1 Portion Mürbeteig (S. 12)
1 EL Amaretto
25 g Mehl
600 ml Milch
1 Prise Salz
150 g extrafeiner Zucker plus 1 EL extra
2 Eigelbe
1 EL Butter
2 Eiweiße

Den Backofen auf 180 °C vorheizen. Den Teig auf der Arbeitsfläche ausrollen, mehrmals mit einer Gabel einstechen, um ein Nudelholz rollen und über der mit Butter eingefetteten Tarte-Form wieder abrollen (mit den Gabeleinstichen nach unten). Den Teigboden mit dem Amaretto beträufeln und 30 Minuten im Kühlschrank ruhen lassen. Den Teig blindbacken (S. 10). Das Mehl mit einer kleinen Menge Milch glatt rühren, die Mischung in die restliche Milch rühren, dann die Prise Salz und 150 g Zucker hinzufügen. Unter ständigem Rühren erhitzen, bis die Mischung eindickt. In ein Wasserbad stellen und die Eigelbe unterrühren. 2 Minuten erhitzen, dann vom Herd ziehen. Die Butter zugeben, gründlich unterrühren und beiseite stellen. Die Eiweiße mit 2 Esslöffeln Zucker steif schlagen. Zuerst die Creme auf dem gebackenen Tarte-Boden verteilen, dann mithilfe eines Teigschabers den Eischnee daraufgeben. Nun bleibt nichts mehr zu tun, als die Tarte zu probieren, denn sie ist unverschämt gut! (Abb. S. 145)

Anmerkung: Falls Sie Amaretto nicht mögen, lassen Sie ihn weg – er ist hier kein absolutes Muss. Wenn Sie einen Amaretto-Mürbeteig selbst zubereiten möchten, erfahren Sie auf Seite 12, wie das geht.

DARF ICH VORSTELLEN ...

... ZWEI SCHWESTERN

/ ...

Himbeer-Torteletts mit Erdbeergelee

Für 6 Personen
Vorbereitungszeit: 20 Minuten
Backzeit: 25 Minuten
Kühlzeit: 30 Minuten
Backform: 6 Tortelett-Förmchen (à 12 cm Durchmesser)

2 Portionen Sandteig (S. 18)
400 g Himbeeren
8 EL Erdbeergelee

Den Backofen auf 180 °C vorheizen. Den Teig dünn ausrollen, 6 Kreise ausstechen und mehrmals mit einer Gabel einstechen. Mit den Gabeleinstichen nach unten in die mit Butter eingefetteten Förmchen legen und 30 Minuten im Kühlschrank ruhen lassen. Den Teig blindbacken (S. 10), danach auf einem Gitterrost abkühlen lassen. Das Erdbeergelee in einen kleinen Topf geben und bei niedriger Temperatur erwärmen, bis sich das Gelee sirupartig verflüssigt hat. Die Hälfte des Sirups auf den vorgebackenen Teigböden verteilen, darauf die Himbeeren anrichten und diese mit der anderen Hälfte des Sirups überziehen (Abb. S. 146).

Variation: Vertauschen Sie die Rollen und bereiten Sie die Tartes mit Erdbeeren und Himbeergelee zu.

Erdbeer-Torteletts mit Schlagsahne

Für 6 Personen
Vorbereitungszeit: 15 Minuten
Backzeit: 25 Minuten
Kühlzeit: 15 Minuten
Backform: 6 Tortelett-Förmchen (à 12 cm Durchmesser)

2 Portionen Sandteig (S. 18)
450 g kleine aromatische Erdbeeren, geputzt
1 Dose Sprühsahne
1 EL Puderzucker

Den Backofen auf 180 °C vorheizen. Den Teig dünn ausrollen, 6 Kreise ausstechen und mehrmals mit einer Gabel einstechen. Mit den Gabeleinstichen nach unten in die mit Butter eingefetteten Förmchen legen und 30 Minuten im Kühlschrank ruhen lassen. Den Teig blindbacken (S. 10), danach auf einem Gitterrost abkühlen lassen.
Kurz vor dem Servieren die gebackenen Teigböden mit reichlich Schlagsahne füllen. Die Erdbeeren dekorativ darauf verteilen und mit Puderzucker bestäuben (Abb. S. 147).

Anmerkung: Noch feiner schmeckt es, wenn Sie die Schlagsahne nach dem Rezept für Crème Chantilly auf Seite 130 selbst zubereiten.

Beeren-Tarte „Rot & Blau"

Für 6–8 Personen
Vorbereitungszeit: 25 Minuten
Backzeit: 30 Minuten
Kühlzeit: 30 Minuten
Abtropfzeit: 2–3 Stunden
Backform: 1 Tarte-Form (25 cm Durchmesser)

1 Portion Mürbeteig (S. 12)
1 Eiweiß (Verwendung s. S. 10)
500 ml Vollmilchjoghurt
500 g rote und blaue Beeren (Erdbeeren, Walderdbeeren, Brombeeren, Heidelbeeren, Johannisbeeren, Himbeeren)
2 EL Puderzucker
4 EL Himbeergelee
2 EL Orangensaft

Ein Sieb mit einem Musselintuch auslegen, den Joghurt hineingeben und 2–3 Stunden abtropfen lassen, bis er sich verfestigt hat. Den Backofen auf 180 °C vorheizen. Den Teig dünn ausrollen, mehrmals mit einer Gabel einstechen, um ein Nudelholz rollen und über der mit Butter eingefetteten Tarte-Form wieder abrollen (mit den Gabeleinstichen nach unten). 30 Minuten im Kühlschrank ruhen lassen. Den Teig blindbacken (S. 10). Nun die Früchte vorbereiten: die Erdbeeren putzen und in Stücke schneiden, falls sie sehr groß sind; die Brombeeren, die Heidelbeeren und die Himbeeren verlesen, die Johannisbeeren von den Stielen zupfen. Den Joghurt in eine Schüssel geben, mit dem Puderzucker vermischen und gleichmäßig auf dem gebackenen Teigboden verteilen. Die gemischten Beeren darauf anrichten. Das Himbeergelee mit dem Orangensaft verrühren und erwärmen, bis sich das Gelee sirupartig verflüssigt hat. Nun damit die Beeren überziehen. Die Tarte bis zum Servieren kalt stellen, jedoch nicht zu lange, damit der Teigboden nicht durchweicht (Abb. S. 149).

Côté
AIX
EN
MARABOUT

WILKIN &
Tiptree
LEMON CURD

Mini-Tartes „Schoko-Koko"

Ergibt 12 Stück
Vorbereitungszeit: 45 Minuten
Gar- und Backzeit: 35 Minuten
Kühlzeit: 30 Minuten
Gefrierzeit: 15 Minuten
Backform: 12 kleine Muffin-Förmchen aus Silikon

200 g Kokosraspel
2 Eier, verquirlt
50 g extrafeiner Zucker
180 g Milchschokolade
200 ml süße Sahne

Für den Kokosteig die Kokosraspel mit den Eiern und dem Zucker zu einer homogenen Masse verkneten. Den Teig mit angefeuchteten Händen in den Förmchen verteilen (falls keine Silikonformen verwendet werden, die Förmchen mit Butter einfetten) und für 15 Minuten in den Tiefkühler stellen. Den Backofen auf 180 °C vorheizen. Für die Füllung eine Ganache bereiten: die Schokolade im Wasserbad oder in der Mikrowelle schmelzen. Die Sahne in einem Topf zum Kochen bringen. Vom Herd nehmen und die Schokolade ganz vorsichtig mit einem Holzkochlöffel unter die Sahne mischen. Bei Zimmertemperatur bis zur weiteren Verwendung aufbewahren. Die Teigböden 20 Minuten lang mit Backgewichten und 5 Minuten ohne die Gewichte blindbacken (S. 10), dann abkühlen und aushärten lassen. Die Ganache gleichmäßig auf die gebackenen Teigböden verteilen und mindestens 30 Minuten kalt stellen. Einige Minuten vor dem Verzehr aus dem Kühlschrank nehmen. Am besten schmecken die Törtchen, wenn sie Zimmertemperatur angenommen haben (Abb. S. 150).

Variation: Dieses Rezept können Sie auch mit dunkler oder weißer Schokolade zubereiten.

Zitronen-Torteletts

Für 6 Personen
Vorbereitungszeit: 15 Minuten
Backzeit: 20 Minuten
Kühlzeit: 30 Minuten
Backform: 6 Tortelett-Förmchen (à 8 cm Durchmesser)

1 Portion Sandteig (S. 18)
1 Glas Lemon Curd
3 Zitronenbaiser-Kekse (ersatzweise andere Zitronenkekse oder Baiser vom Bäcker)

Den Backofen auf 180 °C vorheizen. Den Teig auf der Arbeitsfläche ausrollen, 6 Kreise à 10 cm ausstechen und mehrmals mit einer Gabel einstechen. Mit den Gabeleinstichen nach unten in die mit Butter eingefetteten Förmchen legen und 30 Minuten im Kühlschrank ruhen lassen. Die Teigböden blindbacken (S. 10), abkühlen lassen. Die Kekse oder das Baiser im Mixer grob zerkrümeln. Das Lemon Curd auf den abgekühlten Teigböden verteilen und mit Makronenkrümeln bestreuen. (Abb. S. 151).

Anmerkung: Ganz köstlich schmeckt es auch, wenn Sie die Makronen durch ein paar Himbeeren ersetzen. Das Lemon Curd können Sie auch selbst zubereiten (S. 130).

Knusprige Maronencreme-Törtchen

Für 6 Personen
Vorbereitungszeit: 25 Minuten
Backzeit: 20 Minuten
Gefrierzeit: 1 Stunde
Backform: 6 Muffin-Förmchen

12 Blätter Brikteig
20 g Butter, zerlassen
100 g Maronencreme
100 ml süße Sahne
1 EL Puderzucker
Glasierte Maronen aus der Dose, zerkleinert (nach Belieben)

Die Brikteigblätter auf der Arbeitsfläche ausbreiten und mit einem feuchten Geschirrhandtuch abdecken, damit sie nicht austrocknen. Aus jedem Teigblatt einen Kreis ausstechen, groß genug, um damit ein Muffin-Förmchen bis oben hin auszukleiden. Den Backofen auf 180 °C vorheizen. Die Förmchen mit Butter ausstreichen und mit je einem Teigkreis auskleiden. Die Teigkreise mit Butter bestreichen, mit einem zweiten Teigkreis belegen und diesen ebenfalls mit Butter bestreichen. Die Teigkreise mit Backpapier bedecken, das Backpapier mit Backgewichten beschweren und 20 Minuten in der Ofenmitte backen. Danach das Backpapier mit den Backgewichten entfernen, dabei sehr vorsichtig vorgehen, damit die Teighüllen nicht zerbrechen. Die Teighüllen auf einem Gitterrost abkühlen lassen. Die süße Sahne mit dem Puderzucker sehr steif schlagen. Vorsichtig unter die Maronencreme ziehen. Die Masse 1 Stunde in den Tiefkühler stellen. Die Teighüllen mit der Creme füllen und mit Maronenstückchen bestreuen (Abb. S. 153).

Erdbeer-Ingwer-Knuspertaler

Für 6 Personen
Vorbereitungszeit: 25 Minuten
Backzeit: 35 Minuten
Backform: 1 Backblech

1 Portion Blätterteig (S. 14)
100 g extrafeiner Zucker
1 Stück Ingwerwurzel (2 cm lang)
125 g kleine aromatische Erdbeeren
Saft von 1 Zitrone
Puderzucker

Den Backofen auf 180 °C vorheizen. Den Teig sehr dünn ausrollen, mehrmals mit einer Gabel einstechen und 6 Kreise à 10 cm ausstechen. Die Teigböden blindbacken (S. 10). 300 ml Wasser in eine Kasserolle geben und mit dem Zucker zum Kochen bringen. Die Ingwerwurzel schälen und in feine Streifen schneiden. Wenn der Sirup kocht, die Ingwerstreifen hineingeben, auf die niedrigstmögliche Temperatur senken und 15 Minuten ziehen lassen, dann beiseite stellen. Die Erdbeeren waschen, putzen, in Scheiben schneiden und mit Zitronensaft beträufeln. Die Erdbeerscheiben kreisförmig auf den gebackenen Teigtalern anrichten, mit dem Ingwersirup beträufeln und abkühlen lassen. Vor dem Servieren mit Puderzucker bestäuben (Abb. S. 155).

Heidelbeer-Tartes mit Mandelcreme

Für 6 Personen
Vorbereitungszeit: 15 Minuten
Backzeit: 25 Minuten
Kühlzeit: 30 Minuten
Backform: 6 Tortelett-Förmchen (à 12 cm Durchmesser)

2 Portionen Sandteig (S. 18)
250 g Heidelbeeren in Sirup
250 g Mandelcreme (Seite 132)

Den Backofen auf 180 °C vorheizen. Den Teig dünn ausrollen, 6 Kreise ausstechen und mehrmals mit einer Gabel einstechen. Mit den Gabeleinstichen nach unten in die mit Butter eingefetteten Förmchen legen und 30 Minuten im Kühlschrank ruhen lassen. Die Teigböden blindbacken (S. 10), abkühlen lassen. Die Heidelbeeren abgießen. Die Mandelcreme gleichmäßig auf die gebackenen Teigböden verteilen und mit den Heidelbeeren belegen (Abb. S. 155).

Variation: Sie können auch frische Heidelbeeren für diese Tartes verwenden. In diesem Fall stellen Sie aus Wasser und Zucker etwas Sirup her, geben die frischen Heidelbeeren kurz hinein und verteilen diese anschließend auf der Mandelmasse.

Erdbeer-Rhabarber-Taler mit Ingwer

Ergibt 18 Stück
Vorbereitungszeit: 25 Minuten
Gar- und Backzeit: 30 Minuten
Abtropfzeit: 2 Stunden
Backform: 1 Backblech

1 Portion Sandteig (S. 18)
300 g Rhabarber
1 Stück Ingwerwurzel (1 cm lang)
1 EL Grenadine-Sirup
2 EL extrafeiner Zucker
350 g kleine aromatische Erdbeeren, geputzt
Puderzucker

Den Rhabarber schälen, dabei alle Fäden entfernen, waschen und in kleine Stücke schneiden. Die Ingwerwurzel schälen und in feine Streifen schneiden. Den Rhabarber in eine Kasserolle geben und mit dem Grenadine-Sirup, den Ingwerstreifen, dem Zucker und 200 ml Wasser 15 Minuten bei geschlossenem Deckel und niedriger Temperatur köcheln lassen. Das Kompott im Mixer pürieren, in ein feines Sieb geben und 2 Stunden abtropfen lassen. Den Backofen auf 180 °C vorheizen. Den Teig dünn ausrollen, 18 Kreise à 6 cm ausstechen und mehrmals mit einer Gabel einstechen. Ein Backblech mit Backpapier belegen, darauf die Teigkreise setzen. 15 Minuten in der Ofenmitte backen, abkühlen lassen. Auf jedes Mini-Sandgebäck 1 Löffel Rhabarber-Ingwer-Kompott geben und mit einer halbierten Erdbeere garnieren. Vor dem Servieren mit Puderzucker bestäuben (Abb. S. 155).

Knusperplätzchen mit Himbeeren

Ergibt 18 Stück
Vorbereitungszeit: 15 Minuten
Backzeit: 20 Minuten
Backform: 1 Backblech

1 Portion Blätterteig (S. 14)
18 Himbeeren
1 Dose Sprühsahne
Puderzucker

Den Backofen auf 180 °C vorheizen. Den Teig dünn ausrollen, mehrmals mit einer Gabel einstechen und 18 Quadrate à 2 x 2 cm (oder andere kleine Formen) ausschneiden. Die Teigquadrate blindbacken (S. 10). Abkühlen lassen, einen Sahnetupfer auf jedes Plätzchen sprühen, darauf eine Himbeere setzen und diese mit Puderzucker bestäuben. Lassen Sie Ihrer Kreativität freien Lauf und stechen Sie beliebige Formen aus dem Teig aus. Die Idee hinter diesem Rezept war, auch einmal Süßes im Kleinformat zu zaubern (Abb. S. 155).

ANHANG

INHALT

DANK

An Emmanuel und Rose-Marie für ihr Vertrauen;
An Alex, Clem, Fannie, Marie-Christine, Rose-Marie und Soso für ihre großartigen Rezepte;
An Audette für die Salate;
An Julie und Maé für ihre rege Beteiligung;
An meinen lieben Mann, meinen bevorzugten Verkoster;
An Ralf Edeler für seine klugen Ratschläge eines „großen Patissiers“;
Und an David, der wieder einen super Job gemacht hat!

Die im Buch gezeigten Wandfarben, Tischwäsche, Möbel, Geschirr, etc. wurden von Agapè, Farrow & Ball, Iskandar, Jeannine Cros, La Samaritaine, Le Bon Marché, Siècle und The Conran Shop bereitgestellt.

Unser Verlagsprogramm finden Sie unter
www.christian-verlag.de

Aus dem Französischen übersetzt von Susanne Kammerer
Redaktion: Silvia Rehder
Korrektur: Dr. Michael Schenkel
Umschlaggestaltung: Caroline Daphne Georgiadis, Daphne Design
Satz: Studio Fink, Krailling

6. Auflage 2013

Die Originalausgabe mit dem Titel **Tartes maison** wurde erstmals 2005 im Verlag Marabout (Hachette Livre), Paris, veröffentlicht.

Fotos: David Japy

Druck und Bindung: Graficas Estella, Spanien

ISBN-13 978-3-88472-712-6

Sind Sie mit diesem Titel zufrieden? Dann würden wir uns über Ihre Weiterempfehlung freuen. Erzählen Sie es im Freundeskreis, berichten Sie Ihrem Buchhändler oder bewerten Sie bei Onlinekauf. Und wenn Sie Kritik, Korrekturen Aktualisierungen haben, freuen wir uns über Ihre Nachricht an

Christian Verlag
Postfach 400209
D-80702 München
oder per E-Mail an lektorat@verlagshaus.de

HINWEIS

Alle Informationen und Hinweise, die in diesem Buch enthalten sind, wurden von der Autorin nach bestem Wissen erarbeitet und von ihr und dem
Verlag mit größtmöglicher Sorgfalt überprüft. Unter Berücksichtigung des Produkthaftungsrechts müssen wir allerdings darauf hinweisen, dass inhaltliche Fehler und Auslassungen nicht völlig auszuschließen sind. Für etwaige fehlerhafte Angaben können Autorin, Verlag und Verlagsmitarbeiter keinerlei Verpflichtung und Haftung übernehmen.